如果阅读时无法运用想象力，
文学本身就成了单纯的解码作业。

丹尼斯·卡特

If there is no deployment of imagination in reading,
literature itself becomes a matter for decoding.

阅读教育基石计划

怎么
给小学生讲小说

通往叙事文学的课堂教学方法

［英］丹尼斯·卡特 ◎ 著

任燕 ◎ 译

现代教育出版社

Modern Education Press

著作权合同登记号 图字：01-2023-6243

Teaching Fiction in the Primary School: Classroom Approaches to Narratives 1st Edition / By Dennis Carter / 9781853466243
This edition published in 2012 by Routledge
Copyright©2000 by Dennis Carter

Authorized translation from English language edition published by Routledge, a member of the Taylor & Francis Group LLC. All Rights Reserved.
本书原版由 Taylor & Francis 出版集团旗下 Routledge 出版公司出版，并经其授权翻译出版。版权所有，侵权必究。

Modern Education Press Co., Ltd is authorized to publish and distribute exclusively the Chinese (Simplificd Characters) language edition. This edition is authorized for sale throughout Mainland of China. No part of the publication may be reproduced or distributed by any means, or stored in a database or retrieval system, without the prior written permission of the publisher.
本书中文简体翻译版授权由现代教育出版社有限公司独家出版并仅限在中国大陆地区销售。未经出版者书面许可，不得以任何方式复制或发行本书的任何部分。

Copies of this book sold without a Taylor & Francis sticker on the cover are unauthorized and illegal.
本书封面贴有 Taylor & Francis 公司防伪标签，无标签者不得销售。

图书在版编目（CIP）数据

怎么给小学生讲小说：通往叙事文学的课堂教学方法 /（英）丹尼斯·卡特著；任燕译 . -- 北京：现代教育出版社，2024. 11. -- ISBN 978-7-5106-7622-2

Ⅰ . G623.232

中国国家版本馆 CIP 数据核字第 2024YR9065 号

怎么给小学生讲小说：通往叙事文学的课堂教学方法

著　　者	［英］丹尼斯·卡特	电　　话	010-64251036（编辑部）
译　　者	任　燕		010-64256130（发行部）
选题策划	王春霞	开　　本	889 mm×1194 mm　1/32
责任编辑	李维杰	印　　张	9
装帧设计	孙初申祺	字　　数	210 千字
出版发行	现代教育出版社	版　　次	2024 年 11 月第 1 版
地　　址	北京市东城区鼓楼外大街 26 号	印　　次	2024 年 11 月第 1 次印刷
	荣宝大厦三层（邮编：100120）	书　　号	ISBN 978-7-5106-7622-2
印　　刷	北京新华印刷有限公司	定　　价	59.00 元

版权所有　侵权必究

致　　谢

　　首先请允许我向几千名小朋友表达最为诚挚的感谢，这些孩子极其真诚地参与到我所策划的项目当中，助力我不断完善身为教师和文学项目组织者的相关理念。35 年以来 [1]，我始终怀着愉悦的心情与小学生分享文学的异域世界，他们的热情和千奇百怪的回应方式总令我感到欣喜。我要特别感谢下列 5 所学校的孩子，在这些学校里我度过了自己绝大部分的教学生涯：海尔贝宾顿郡小学（Higher Bebington County Junior School）、伍德兰兹郡小学（Woodlands County Junior School）、塔尔文郡小学（Tarvin County Primary School）、雷德希尔联合学校（Redhills Combined School）和塔里埃森小学（Taliesin Junior School）。

　　我还要感谢曾参加过我所组织的文学教学项目的孩子和老师。这些项目大多是 20 世纪 80 年代末到 90 年代初，我在担任克卢伊德郡（Clwyd）学校人文科学协调专员期间组织的。这项工作获得了各方的鼎力支持，尤其要感谢克卢伊德郡前教育主任基思·埃文斯（Keith Evans）和弗林特郡（Flintshire）教育主任基思·麦克多诺（Keith McDonogh）。

---

[1]　编者注：本书是作者基于 20 世纪 80 年代末 90 年代初的相关项目研究而作，凝结了作者 35 年的教育经验。

还有几位起到关键作用的教育工作者，正是他们的想法和建议帮助我形成了属于自己的教学理念。他们是曾在柴郡（Cheshire）担任小学班主任的弗农·黑尔（Vernon Hale），曾任埃克塞特大学（University of Exeter）人文教育专业副教授的马尔科姆·罗斯（Malcolm Ross），曾任教于威尔士大学（University of Wales）同时也是我的博士导师的克里斯托弗·帕里（Christopher Parry），还有来自"莎士比亚与学校项目"（Shakespeare and Schools Project）的雷克斯·吉布森（Rex Gibson）。

感谢我的 4 个孩子：邓斯坦（Dunstan）、伊莫金（Imogen）、劳伦斯（Lawrence）和比特丽斯（Beatrice）。他们对故事、书籍和日常生活的感受所带给我的启发，比我读过的任何教育书籍都更令我受益。

最后我要说：所有曾为我讲述故事的人，所有留存在我记忆中的故事，我也要感谢！恕我无法一一道来，毕竟我所记住的这些人、这些故事已不可细数。

目录

第一章

读懂虚构文学作品中的异域世界
Reading the other worlds of fiction

"大人，"普威尔（Pwyll）说，"给您请安。"

"敢问您从何处来到此地？"

"从冥界来，"他回答道。

"我是阿隆（Arawn），冥界之王。"1

*

🎲 读写素养与游戏的关系

对于一贯嘲讽小学教育领域"儿童中心论"的人来说，"全国读写素养策略"（National Literacy Strategy，以下简称"读写素养策略"）[1] 的出台可以被视为他们这一派高歌猛进的最新胜果。这一派对于自己的力量愈发自信，以至于对其他所有异见一概不屑。这才会有 1999 年初夏的事件：时任英国国务大臣的布伦基特先生（Blunkett）对抨击"读写素养策略"的人大加斥责，称他们"披着善意的自由主义外衣，其精英主义本质却昭然若揭"。他说，那些认为应当让儿童成为教育核心的人对"英国半数小学生读写能力极差"这一事实根本就漠不关心。2

然而，"读写素养策略"实施一年多以来，越来越多的家长、教师、学生等逐渐产生了一种忧虑感。对于导致他们惴惴不安的理由，我们不应该一笑置之。大量学生心生厌倦，教师被无休止的教学计划搞得不堪重负，家长担心孩子对母语学习逐渐

---

[1]　译者注：这是英国于 1998 年全面推行的一项旨在提高小学生母语素养的策略，涵盖了与读写教学相关的诸多内容，包括小学每天增设一小时英语学习时间、母语教师需培训上岗、设立"全国阅读年"等内容。

失去兴趣。尽管这样的描述或许有一刀切之嫌，但实在已有太多遭到无视的真实案例。由于这套策略无法避免地会过分干涉考试、教学目标和家庭作业安排，似乎威胁到了儿童在校内和校外的游戏时间。

我们必须严肃对待儿童游戏时间得不到充分保障这一问题。"游戏"这个词与"儿童中心论"的关系，比其他任何词都更为紧密。然而我们却罔顾这一危险的结果，对儿童游戏的时间大加限制。游戏对儿童的身心健康发展十分重要，这一点从未改变。正如帕特里克·贝特森（Patrick Bateson）所说：

儿童不是缩小版的成人。儿童的一些行为就像脚手架——这是在搭建成年个体的过程中所使用的特殊结构。一旦搭建任务完成，脚手架也就失去了存在的必要。游戏，是不断完善这个脚手架的重要环节，没有游戏，搭建成年个体会变得更加困难。[3]

我们在考虑如何提升儿童的读写能力时，应当知道与之相关的游戏类型，包括：所有需要发挥想象力的游戏，角色扮演游戏，语言游戏和视觉游戏，以及与处理文字、想法和感受的能力息息相关的创造力培养游戏。

我在本书中试图找到上述两种针锋相对的立场之间的共同点。例如在第四章、第五章和第六章中，我提出应该通过综合课程充分实现"读写素养策略"中设定的相应学习目标。同时，这些目标的实现也离不开激发创造力、游戏氛围浓厚的环境，让舞蹈、戏剧和艺术创作各自发挥其应有的作用。然而我们首先要做的，是认真审视儿童迈入学校校门之前的那段时期。在这段时期，儿童和书籍之间通常存在一种天然且充满游戏意味的关系。

🎯 意义的"纬纱"（wefts）

15 个月的小宝宝比特丽斯坐在客厅的地毯上，手里抓着一本书。她用小手指划过纸上的字句，尖声尖气地发出"喔—咦—喔—咦—喔—咦"的音。显然，她正在用自己的方式读着那些词。或许用"类阅读"（para-reading）来定义她的行为更为准确。坐车出去的时候，比特丽斯也经常这样玩。她会对着自己的玩偶"邮递员派特叔叔"（Postman Pat）或者"小松鼠纳特金"（Squirrel Nutkin）[1] 开心地喋喋不休。她的哥哥，4 岁的劳里（Lawrie）也曾有过类似的举动。劳里会把他的泰迪熊放在膝盖上，就好像是在给它读着什么！他们边玩边读，但这种游戏与他们玩具杯子泡茶的意义是不同的。其中的差别在于：比特丽斯提到后者时会说"假装"（pretend），因为后者属于社交情景，需要其他人的参与。而她的类阅读行为却是不自知的。她的咿咿呀呀让书活了起来，尽管她发出的音节并无实际意义。这是儿童在模仿身边成年人的行为。

接下来，比特丽斯又爬上了爸爸的膝盖。爸爸穿着一件宽松的针织毛衣。比特丽斯盯着毛衣花纹，被上面横向编织的纬纱所吸引。她的小手指在这些横向延伸的毛线上滑动，尖声尖气地发出和刚才一样的声音。这次，她正在给爸爸读毛衣这本

---

[1]　译者注：分别是英国动画片和童话故事里的形象。

"书"呢！但两种情况又不一样，因为这次她在"假装"。她转换了游戏模式，找到一种令人欣喜的联结，发现了事物之间的联系。从某种意义上说，比特丽斯创造出一种隐喻、一个等式，体会到了游戏中的和谐。她沉浸在阅读的情境中，象征教育和社会影响力的最强大的符号在她手中变成了玩具。她将生活与文本联系起来，又将文本带入生活，敏锐地察觉到家中各种事物的图案之间存在着关联。

如果我们将这些横向分布的"纬纱"比作文学作品中的意义之线，那么对儿童来说，纵向延伸的"经纱"（warps）就是他们生活中的意义之线。只有将纬纱和经纱编织成一体，文学作品的真正意义才能被我们领悟。文学与口语不同，它不必依附于生命体，因为它存在于书本中。即便没人触碰，书也可以静静地摆在书架上。口头语言是即刻的、鲜活的交流；而文学作品必须被动地等待别人去发现。因此，自古以来很多人学习读写比学习听说要困难百倍。于是我们说，对于尚不具备阅读技能的儿童，伴读者需要付出极大的努力来帮其"编织"出文学作品的含义。为此，伴读者可以选择三种简单的方式：在孩子面前自己阅读；为孩子讲故事，朗读故事或诗歌；同孩子分享阅读感受。如果伴读者仅仅关注纬纱，却没有将它们与经纱——也就是生活本身的意义联系起来，那么这样的伴读通常是徒劳无功的。那一根根经纱中有些或许属于相当个人的体验，有些则是人所共通的感受。想要帮助孩子学会阅读，却只关注表露在外的经纱，忽略了个人的、独特的、具体的东西，同样会遭遇失败。

让我们回到一年前，回顾一下哥哥劳里在感受文学作品时这两个世界是如何交织在一起的。当妈妈给他读完艾莉森·阿特利（Alison Uttley）的《小狐狸故事集》（*Little Fox Stories*）[4]中的一个故事后，劳里被深深地触动了。他大叫着说："我真想钻进书里，穿过树林，打碎玻璃笼子，把小独角兽的爸爸救出来呀！"过了一会儿，他开始习惯于书这种媒介，理解它是客观存在的，是一种外在形式。而且他开始活学活用，表达他对外界的某种期望。于是他对哥哥说："嘿，邓尼（Dunny），能给我来一'章'挠痒痒吗？"文学与生活，生活与文学，就这样被他编织成了一体。

和大多数幼童一样，劳里也表现出了对所处环境的浓厚兴趣，这种兴趣之浓厚远远超过大多数成年人。孩子们总在不断地关注周遭事物，建立新的关联，或者说等式。成年人对这些事物可能已经司空见惯，但孩子们恰恰能注意到并找出其中的关联——物品或图案，符号或代码，对他们来说找出关联似乎轻而易举。这个过程具有强大的力量，几乎可以说势不可当。一个标志性举动就是孩子会在陌生事物和熟悉事物之间构建充满隐喻的等式。这是儿童学习过程中至关重要的一环。

因此，书中的编码与毛衣上的编织花纹、炉挡上的防护网一样，在家庭用品的意义上是可以等同的。显然，这种被称为"书"的物品，可以同平底锅、椅子、桌子、乐高积木以及泰迪熊相提并论。这些家庭用品是婴儿构建客观现实的关键因素。尽管如此，某些物品依然具有特殊含义，满足了婴儿的某种特定需求。D.W. 温尼科特（D. W. Winnicott）将这些物品所属的空间称为"过渡性空间"（intermediate area）。温尼科特认为，这个空间介于婴儿对母亲的绝对认知世界和客观现实世界之间。它形成于婴儿快 1 岁时。这个"过渡性空间"或者说"潜在空间"（potential space），是进行游戏和文化体验的场所。"它的存在依赖于生活体验，而非习得倾向。"5

温尼科特认为，"玩耍需要特定的场所与时间"。婴儿在玩耍时，会认为是自己将某种"神秘控制力"（magical control）施加给了外部世界。因此，当比特丽斯"读"爸爸的毛衣时，她就是在施加这种"神秘控制力"。这种魔法把爸爸的毛衣变成了一本书。18个月大时，比特丽斯就已能够熟练运用这股"神秘控制力"来操控日用品了。我们可不能小看这种游戏。温尼科特认为这值得我们认真对待，是遗传意义上的自我与外界现实的重要结合。6

婴儿第一次冒险走入这一"过渡性空间"，这种情况会持续一段时间，通常会表现为对某类物品或者说某件物品的过度依赖。温尼科特将这类特殊物品称为"过渡性客体"（transitional objects）。游戏恰恰就是针对这类物品（比如泰迪熊，或者有名字的柔软毛毯）的。对婴儿来说，它们代表着婴儿"从与母亲的共生状态过渡到与母亲保持联系的一种外在独立状态"。一个典型的婴儿与"过渡性客体"之间的接触，就是婴儿举起物品并将其移动到不同的位置，同时口中念念有词。这些单词可能是实际存在的，也可能是编的，但往往是以连续的方式说出来的。7

婴儿生命中的这段时期，不仅是玩具行业梦寐以求的黄金期，也是对婴儿想象力发展具有重要意义的时期。在这段时期萌芽的能力会影响人的一生。温尼科特充分意识到了它的重要性："过渡性空间的体验……构成了婴儿时期体验的大部分内容，并在其一生中持续存在，变成从艺术、宗教、富于想象力的生活和创造性科研工作中能感受到的那种强烈体验。"8

对于婴儿来说，作为一个"过渡性客体"而持续存在的东西极为重要。然而，具有"过渡性"的其实并非物品，而是婴儿的行为，是婴儿与母亲以外的角色玩耍，而他们尚不足以独立的状态。所以在此期间，这件物品才会令婴儿痴迷不已。它是安全的象征，是情感的寄托，其中既蕴含强烈的爱，又蕴含强烈的恨。但其实物品本身固有的价值或许不值一提。

多年以来我始终在想：对于成长中的婴儿，围绕在他们身边的此类物品中是否会有书籍的一席之地？有一段时间我甚至认为，书也许能担当"过渡性"的角色，尤其是那种柔软的布偶书。这或许是有可能的，但绝不是把书作为书来使用。作为"过渡性客体"存在的书，其间书籍所特有的意义将不复存在。令我非常感兴趣的是，温尼科特博士会如何看待这个问题呢？

不过，这或许并不重要。尽管这个"过渡性体验空间……构成了婴儿时期体验的大部分内容"，但"过渡性客体"本身最终却会消亡。因此，它是婴儿满足体验需求的暂时焦点。这种关注迟早会转移到其他物品上。温尼科特从以下视角进行了阐述："它失去了意义……因为过渡现象已经**'扩散'**[1]（diffused）……散布到过渡性空间的各个角落，介于'内在……现实'和'外部世界'之间，……即是说，散布到了整个文化场域当中。"9

所以，即便怀中的泰迪熊、手里抓着的布偶或者含在嘴里的拇指变得不再重要，这种需求却会永远存在。当**"扩散"**（diffusion）发生时，什么东西可以取代"过渡性客体"？家庭用品将介入这个空间。孩子会结合这些用品，模仿与之有关的人的行为。正因如此，他人是否可以做出良好的行为示范就很关键了。

---

[1] 编者注：书中加粗的字词为作者着重强调，特此说明。

在这种处于母亲与外部世界之间的"过渡性空间"或"潜在空间"里，扩散的出现可称之为个体生命中最重要的时刻之一。此时，书籍终于呈现出本来面貌：可能只是随意地摆放着，当然更好的情况是在婴儿的父母或者兄姐手里。这种现象不再只是过渡性的，而是"整个文化场域"中一系列新关系的标志与象征。

这个阶段，书籍的独特之处就在于它作为一件物品的二元性。它既是婴儿生活中一件触手可及的客观物品，又是各种主观参照物的载体。它不仅是存在于"现实世界"里的东西，就像一张桌子、一口平底锅或一个手抓球那样；同时也代表着**"魔法"**（magic），具有与父母或其他人讲述的故事、儿歌或童谣里的魔法一样的魔力。

在劳里 10 个月大的时候，我们给他买了第一本书《小玻和朋友们》（*Spot's Friends*）[10]。这本翻翻书图案鲜明，可啃咬，而且味道还不错！坐着婴儿车回家的路上，劳里变得烦躁不安，于是我们把这本书当作安抚奶嘴给了他。他刚抓起书就兴奋地扯开其中一页，把小脸整个贴了过去，又蹭又闻，欣喜若狂，真的是在"埋头读书"呢！不久之后，劳里有了更多书，其中一些在相当长的时期内都是他的心头好。

劳伦斯[1] 稚嫩地翻看书本的样子，就像他对待其他绝大多数物品一样，但他很快就发现了书籍之所以与众不同的秘密。如果从他的视角去感知，情况应该是这样的：这件物品一页页的，可以翻开。每翻一次，东西都会变，会出现新的形状、新的颜色，会从爸爸妈妈的嘴里发出新的声音，讲出新的故事。这可

---

[1] 译者注：此处及下文同指劳里。劳里是劳伦斯的昵称。

是一个全然不同的游戏！他的一些书恰恰就是为了让儿童探索每一页的这种变化而设计的。比如：约翰·S. 古多尔（John S. Goodall）的《恐怖城堡》（*Creepy Castle*）[11]，有些页面上只画着半张画，另外半张直接延伸到下一页。迪克·布鲁纳（Dick Bruna）的《动物书》（*Animal Book*）[12] 等书，则强化了劳伦斯对书与现实世界联系的认知。书上的内容可能会让人联系到某种舞蹈形式，用手来模仿动物的动作，用声音来模仿动物的叫声。对劳伦斯来说，他在孩提时期看过的大量绘本，正是在强化这种与日常生活的关联。在平克斯基（Pieńkowski）的作品《形状》（*Shapes*）[13] 中，那个飘动的身影偶然出现，劳伦斯同它说"再见"；在同一本书中，美人鱼梳理着头发，劳伦斯也用手指梳了梳自己的头发。这些书源源不断地涌入他的"过渡性空间"。

孩提时期用过或者玩过的物品及书籍，对儿童而言就相当于周遭文化的象征。每个孩子都会选择独一无二的象征并以极具个人色彩的方式将之融入身边的文化中去。此类象征是文化的产物，而儿童所选象征的性质，一定会对他们的文化积淀产生或深或浅的影响。书籍被公认为是人类文化最重要的象征之一。在人生最初的三年，在这个关键时期，和婴儿世界中的其他物品一样，书籍的地位必须得到坚决捍卫。

浅谈英国"全国读写素养策略"

然而这三年过后，特别是在儿童进入学校之后，他们在理解一本书的编码时却会感到力不从心。如何更有效地解决这个问题，俨然成为教育界讨论最为激烈的话题。目前出台的解决办法就是"全国读写素养策略"。该策略是分析派（analysis）对综合派（synthesis）的又一次胜利，也是"行为主义策略"（behaviourist strategies）拥护者对所谓"真实书籍"支持者的又一次胜利。新工党政府（New Labour government）在压倒性的支持声浪鼓舞下，同时也是因为急于兑现其领导者竞选时喊出的"教育、教育、教育"的口号，制定相应的目标和策略顺理成章地成为政府接下来的工作。

与该策略同时出台的"教学框架"（Framework for teaching）主张采用认知教学法，引导学生掌握一系列被称为"探照灯"（searchlights）的阅读策略，从而"领会文本的意义"。[14] 该策略（以及与之类似的一项有关数学课程的策略）都是为了"尽可能提高学生的水平"。虽然头脑正常的人都不会反对这样的目标，但是评判水平高低的标准却值得商榷。因为这套标准实在简单粗暴："到 2002 年，应有 80% 的 11 岁学生在'关键阶段 2'（Key Stage 2）[1] 的英语能力测试中达到 4 级或以上水平。"[15] 撇开测试本身的合理性和操作上的问题不谈，很难相信这样有助于建立健康的国民读写体系。然而，这却是一个合乎逻辑的结论，毕竟早在 25 年前美国就施行了类似的策略。随着行为矫正方法（behaviour modification techniques）在美国的兴起，只有可量化的客观标准才能用于判断和制定相关政策。

由皇家首席督学克里斯·伍德黑德（Chris Woodhead）等大人物主张推动的"全国读写素养策略"，存在缺少严谨规划

---

[1]　译者注：英制小学的三至六年级。

和针对性调研的问题。这倒也并不奇怪，因为伍德黑德先生一贯对大学、学院及其教研成果表示蔑视。由此导致"读写素养策略"和配套的"教学框架"更依赖主观判断而非客观证据，更多参考随机性较强的范例而非经过时间检验的假说。与所有教育领域的行为矫正项目一样，它看重的是儿童行为中的认知方面，而非情感方面。这种策略并不认为阅读是始于早期游戏体验的持续一生的过程，而是根据目的、目标、分数和等级来锻炼阅读和写作能力。

然而，对于学会阅读的儿童来说，学习阅读更像是身处一个熟悉的房间，再逐渐对房间进行调整的过程。这样一来，房间始终都会给人以熟悉的感觉，即便有一天看起来它会与多年前相比大为不同。在这个漫长过程的开始，最好给孩子提供一些熟悉的、拥有众所周知的模式的书。就像婴儿会与家庭物品之间建立亲密关系一样，婴儿也能与书中的字母、单词和短语建立亲密关系。弗兰克 · 史密斯（Frank Smith）对此深信不疑："……从视觉上说，当我们环顾房间以确定物体的位置，或区分一张脸和另一张脸时，没有什么不是眼睛和大脑通过阅读完成的。"[16]

史密斯声称，任何能"区分别针和回形针"的人都应该懂得学习阅读其实很容易。鉴于绝大多数 5 岁儿童都能认识和区分大量物品，从自己的身体部位到各种小玩意、工具、玩具以及花园里的东西，如果非说有人学不会阅读，才令人费解。部分原因或许恰恰在于我们这些教育工作者，是我们让孩子不想读书的。态度、材料选择、各种体系、方法以及学校在教导学生阅读方面所承担的巨大压力，似乎总是适得其反："儿童或许是通过学习学会了不想阅读，或许是认为自己不该懂得如何阅读，甚至学会用一种令阅读变得困难或完全不可能的方式来阅读。"[17]

如果仔细审视"教学框架"中列出的"学期目标"（The Termly Objectives），我们会发现"读写素养策略"可能会加剧而不是解决这一问题。这套框架简直就是行为主义者的乐园，和变电站复杂的电路系统别无二致！难怪这么多教师对此感到难以适从，这么多儿童对此感到厌烦不已。在这样的氛围之下，教师必然会谨慎行事，埋头兑现目标清单，而不是抬头纵览全局。早期调查已经证实，该策略偏离了目标，尽管它在整个教育体系内部确实引发了一股热潮。倍感压力的校长、英语教育协调员与当地教育官员坐到一起开会，共同制定目标，然而这些目标往往想一出是一出，很少或者完全不关心与之密切相关的学生。重要的是十分之八，即那个80%，而不是"杰玛们"和"詹姆斯们"[1]。

🏃 生活在异域世界

曾经我们在鼓励儿童阅读时经常会提到这样一个吸引他们的理由：掌握阅读技巧就能找到通往"想象中异域世界"的入口。

---

[1]　译者注：the Gemmas and Jameses，指那些作为个体的女孩子、男孩子。

无论是过去史诗小说占主流的时代，还是当下电视与网络盛行的时代，这句充满哲理的表述都令人信服。这个绝佳的理由进一步阐述就是：通过阅读，你可以穿越到罗马时代，或者前往世界另一头旅行；通过阅读，你可以与奥德修斯（Odysseus）同行，或与奥利弗·退斯特（Oliver Twist）分享烦恼！

若果真如此，不会阅读无异于会遭到毁灭性的排斥。难怪那些不会读书的人总感觉自己被孤立了。阅读吃力的人就好比诗人布朗宁（Browning）笔下的那个跛脚男孩〔出自布朗宁的诗歌《哈默林的花衣吹笛人》（The Pied Piper of Hamelin）〕。这个男孩跟不上其他孩子的速度，无法进入另一个世界。而**这个**"异域世界"就紧挨着我们的日常世界，无法不令人向往：

他说要带我们前往那方乐土，

和本市挨着，就在不远处……

这个"失落的"世界是一个"泉水奔涌""果树繁茂""鲜花的颜色令人迷醉"的天堂，是一个"万事万物都陌生而新鲜"的世界。男孩失去了进入这个世界的机会，雪上加霜的是，他的"跛足原本很有可能快速治愈"。但他去得太迟，笛声终止，他被独自一人"留在山外"，只能"和从前一样一瘸一拐"，走在灰暗的世界中，失去玩伴，"那片乐土就此音信全无"。[18]

然而，即便学会了阅读，也不能保证一定就能进入异域世界，因为大量已经学会阅读技巧的孩子依然无法被自己所阅读的东西吸引。还有一些人，他们把阅读当作愉悦自己的一种追求，然而"勤奋苦读"的负担却令他们感到困扰，从而丧失阅读本身的快乐。如此这般的操作导致文学失去了本该具有的启迪心灵的力量，无法为儿童打开那扇踏入异域世界的大门。即使再伟大的神话、传说、童话、诗歌、小说、史诗或戏剧，也不过是被简化成了一堆印刷文字，供人草草翻阅，以求完成任务。因此，启迪心灵、进入异域世界的入口，变得如同星星那般遥不可及。然而实际上，它们真的"就在不远处"。

如果没有想象力的深度参与，一个人在生活中将变得迟钝甚至麻木。如果阅读时无法运用想象力，文学本身就成了单纯的解码作业。我们需要保持想象力的活跃，需要让情感涌动起来。如果能做到这两点，我们会发现美好的东西"就在不远处"，或者仅需"片刻"的旅程。这首诗尤为触动我的一点就是，"另一个世界"和我们此时此地相距并不遥远，甚至可以轻松抵达。只要给予正确的文化助力，几乎每一个孩子都能将日常生活转化为"另一个世界"，他们要做的只是翻开书页。通过翻页，挥舞手中的魔杖，孩子在书本之外的想象力也会得到加强。

想象力越用越活跃

对于一个孩子来说，有时必须以积极主动的方式去探索文学的"异域世界"。儿童天生好动。因此，大部分儿童需要主动阅读才能激发他们的想象力。就这一点而言，读者对文学作品的体验包含着有意识和无意识的活动。这与作者的情况是类似的。我主张让儿童体验文学作品，让他们从真实和想象两方面踏入作者所创造的"隐喻世界"。我主张学校的虚构文学作品阅读课程应该更加活跃且更有远见。然而我清楚地看到，现状似乎正朝着相反的方向发展。从约翰·杜威（John Dewey）的表述中，我们不难预测现状可能导致的危险。他认为，常规经验（ordinary experience）有可能：

> ……被冷漠、倦怠和刻板印象所侵蚀。我们既无法通过感官受到具有"实感"的物体的影响，也无法通过思考领会事物的意义。我们无法了解这个"世界"，它只是负担，只会分散我们的注意力。我们缺乏足够的生命力，无法感知感官的刺激，也无法被思想撼动。[19]

杜威认为，与常规经验相对的想象经验（imaginative experience），尤为重要的一点就是"价值集合体"（massing of values）的意义。对于培养读写素养而言，实现这种"价值集合体"需要师生广泛且深入地欣赏文学作品。由此，文学不仅可以成为学习关键技能的途径，还可以成为人类理解自身、增长智慧的工具。两者之间是破解密码和欣赏艺术作品的区别。杜威认为，通过艺术"……在其他情况下失声、青涩、受限和受阻的客体的意义得到了澄清与整合，这不是通过苦心孤诣的思考，不是通过在某个纯粹的感官世界一味逃避，而是通过创造一种全新体验而实现的"。[20]

对于儿童和文学，这种"全新体验"的最佳实现方式就是通过积极的行为，即游戏。如果我们不能调动这种资源，文学作品的价值就会大打折扣，然而儿童进入小学后便抛弃了游戏活动的现象却屡见不鲜。此处我所说的"游戏"，是指包含幻想元素和角色扮演的游戏，大体上我们可以称之为"演绎"（enactment）[1]。而这里的"幻想"是指"充满想象的"，而非"变幻无常的"。"幻想"作为一种"心理意象"，并不一定符合我们所知外部世界的全部细节；"幻想"所包含的能力是暂时停止用平常的眼光去看待事物，并推测事物可能变成什么样子。在狄更斯（Dickens）的《艰难时世》（*Hard Times*）中，正是"幻想"或者说"幻象"的破灭导致了葛擂硬（Gradgrind）的女儿露意莎（Louisa）的情感崩溃：

> "可是，父亲，如果我全瞎全盲；如果我在认识各种形状和物体表面的时候，能依靠触觉，自由探索，再稍微发挥一下我的想象力，那样的话，我肯定会比这个能看见东西的我更聪明、更快乐、更有爱、更满足，在各方面我都会更天真、更有人情味，总之要好一百万倍。"21

在这里，运用"幻想"或者说"幻象"，就是自由探索事物本质，抵达甚至是超越事物的表面"事实"，就是自由推测、提问和相信。由此可能将人性的范围大大拓宽。在这部小说中，狄更斯对"审美观"做出了表述，声称这是令生命得以圆满的重要元素，同时需要付出极大的代价。这里的露意莎在遭遇重大个人危机时无法独立思考，就是因为她所幻想的"另一个世界"已将她拒之门外。

"读写素养策略"采用"标准评估任务"（Standard Assessment Tasks）来衡量各项教学目标的达成情况。而这样做

---

[1] 译者注：人类学、民俗学范畴的概念。

最大的危险或许就是导致自主意识、思考能力和表达能力的丧失。在学校，"异域世界"可能将变得"遥不可及"，因为学生是在"被迫"服务于政府制定的目的和目标。"读写素养策略"自然没有将文学定义为通往异域世界的大门。约翰·斯坦纳德（John Stannard）和他的委员会不太可能会腾出脑子思考如此崇高的概念。只有从事一线教学工作的教师有望缓和这种岌岌可危的状况。

🎭 利用"演绎项目"开展文学课

接下来我会提出几种小学文学课的教学方法，其中包含丰富的活动内容。我脑中所构想的情景远不只是通过一系列读写素养课学习一篇虚构文本。当然我并非要否定读写素养的教学策略，而是希望提出一种模式。在这种模式下，对应级别的词汇、句式和文本教学都包含在更高级的目标中。这些活动涉及对艺术和生活体验的广泛运用，类似于古往今来世界主要文明在大型仪式中所进行的演绎活动。

印第安苏族奥格拉拉部落（Oglala Sioux）的圣人黑麋鹿（Black Elk），以最贴切的形象为我们说明了何谓对仪式的演绎。黑麋鹿9岁那年看见了一个伟大的幻象，然而直至自己垂垂老矣，黑麋鹿才将这个故事告诉了美国诗人约翰·奈哈特（John Neihardt）。在那个关于"异域世界"的幻象中，黑麋鹿在马队的引领下神游到一片云的世界，并在那里遇到6位被称为"老祖宗"（the Grandfathers）的神明。他们赐予他充满神力的礼物：一只盛有生命之水的木杯；具有治愈效果的草药；一支和平烟斗；还有一根鲜红木棒，将其"竖立在这部族圈的中央"，它便能开出花朵。"老祖宗"唤醒地上的生灵万物，并揭示过去与未来。黑麋鹿在那里学会唱诵带有预言意义的歌曲，还看到了一些蕴含重要信息的符号。[22]

通过展示某人的特殊能力及其所属的文化类型，神话就此成型。这段经历对黑麋鹿来说具有非凡的意义，对他的文化来说就更是如此。在 16 岁那年，黑麋鹿将自己所拥有的看见幻象的能力转化为一种集体艺术，使之成为整个部落的财富。从两位部落长老着手准备一顶神圣的圆锥形帐篷开始，他的部落便开始演绎这种幻象：

……在圆圈的中央，熊唱歌(Bear Sings)和黑色道路(Black Road)用野牛皮搭起一顶神圣的圆锥形帐篷，并将我幻象中出现的画面绘于其上。西方画着一张弓和一杯水；北方画着一只白色的鹅和草药；东方画着一颗启明星和一支烟斗；南方画着盛开之杖和部族之环。他们还画了马、麋鹿和野牛。在神圣的圆锥形帐篷的门口上方，他们画了一道正熊熊燃烧的彩虹。他们花了整整一天来做这件事，那帐篷还真是壮观。[23]

黑麋鹿教他俩唱自己在幻象中学会的歌，此时他的父母正忙着准备工具。马匹根据幻象中的情景被集中到一起，骑手已经选定，马儿和骑手身上都画着各种符号。人们选出代表，分别扮演 6 位老祖宗和 4 位圣女，又在帐篷中央的地面上绘制出具有象征意义的图案。舞蹈开始了，歌声响起了，黑麋鹿再次看到那片云端的幻象。骑手骑着马在村子里走来走去，重现了黑麋鹿梦中的情景。整个部落参与其中，令每个人都振奋不已。

"随着马匹之舞的落幕，我似乎已经双脚离地，尽管我在走，脚却没有碰到地面。我心怀喜悦，因为我可以看到部落的人民比以往更加快乐。"[24] 所以说，通过这种对幻象的集体演绎，人们对自身的感知发生了变化。这种转变不仅来自幻象本身，也来自将幻象外化的过程。

黑麋鹿幻象的演绎可以为学校推广文学作品提供一种值得期待的模式，因为学生可以单独或共同参与到集体项目中去。而集体通过共同努力将幻象变成艺术（对于我们来说就是将文学作品中的幻象变成艺术）的行为，能够提升参与者的境界，为学校开展文学作品教育提供最佳范式，这正是儿童所需要的。马尔科姆·罗斯称这种方式为"乡土艺术课程"（vernacular arts curriculum），强调"艺术的集体或共同体属性，不仅能不断强化他们（即儿童）在学校内部的社会和政治属性，还能不断强化他们在人类需求和人类表达层面的同根同源性"。[25]

在我本人的教学生涯中，最美妙的时刻就是当包括我在内的班级所有成员同时感受到凝聚力的那一刻，进而会引出一系列可以被明确视为一个整体的作品。这一系列单独的作品都属于乡土艺术的类型，结合到一起，便会呈现出一种属于集体的、具有辨识度的和谐之感。

这样的项目能够在学校产生类似的**"文艺复兴"**效应（renaissance effect）。对本土文化和其他文化中伟大的虚构文学作品的发现，能够成为推动乡土文艺作品发展的原动力。本书稍后介绍的小说阅读方式中，还涉及脱胎于口头文化的作品、经典作品以及当代儿童小说。它们都可以通过集体的、富有表现力的演绎方式，在儿童手中被**乡土化**、被支配以及被重新塑造。比如下面这个来自当代英国学校的课堂案例。

> 一群小学高年级学生正在分享古英语叙事长诗《贝奥武夫》（Beowulf）。教师扮演学生与文本的中间人，负责讲述故事和朗读诗歌内容，并通过多种手段强化诗歌的感染力。[26] 一天上午，老师在讲完这首诗的第一部分后，播放了斯特拉文斯基（Stravinsky）创作的舞剧《春之祭》（Rite of Spring）选段。孩子们仿佛是在听电影配乐一般，音乐呼应故事中的怪兽格伦德尔（Grendel）闯入"鹿厅"（Heorot），将赫罗斯加尔国王（King Hrothgar）的随从吃掉的可怕场景。孩子们要求一遍又一遍地重听这首曲子，仿佛这样能帮助他们更加生动地想象故事中的场景。接下来就是演绎。老师做了精心筹备，学生以舞蹈的形式再现这一幕。值得注意的是，孩子们的反应是自发的，但又十分克制，面部表情和身体动作都极具张力。孩子们传达出的感情是有分量的，它吸引着观众，但又不是刻意为之的。等他们再次回到教室，澎湃的激情让他们那一天无论干什么都充满活力。

后续展开的各种形式的演绎中也同样体现了这个特点。教室墙上绘有丰富多彩的壁画和充满表现力的大幅油画。孩子们创作的诗歌和故事感染力十足，流露出"真情实感"。《贝奥武夫》一举占据并实现了孩子们的梦。家长打电话给老师时，也会询问这件事，并迫不及待地分享孩子目前的状况。这个故事以及和它有关的各种各样的演绎，逐步渗透到表达的各个层面。孩子们扮演的角色前往大湖杀死了怪兽格伦德尔的母亲。她因为儿子的死而对"鹿厅"进行了可怕的报复。那一刻被孩子们演绎得极具说服力，这个故事在它终结的千年之后再次复活。这位老师将一首奇特的古诗传递给她的学生，让孩子们如此着迷，并能够尽情地释放他们的感受。借用莫德·博德金（Maud Bodkin）引用吉尔伯特·默里（Gilbert Murray）的话来说，这些感受源自：

> ……表面之下一种陌生的、未经解析的情感共鸣，一股夹杂着渴望、恐惧和热情的暗流，它沉寂已久，却有着永恒的熟悉之感，几千年来，它一直在我们最隐秘的情感根源附近盘桓，早已被编织进了那些具有魔力的梦境当中。[27]

🏹 第二世界与第三世界

如果不是因为每个人都可能拥有这种"陌生的、未经解析的情感共鸣"，那么像《贝奥武夫》这样的作品根本就不可能存在于当代儿童的想象之中。这样的作品之所以"伟大"，是因为它们能够激发出那些隐藏在"表面之下"的"渴望、恐惧和热情"。在这样的情况下，读者借助潜意识里的能力感受作者、故事讲述者或幻象制造者的人性，感受我们所共有的这个熟悉的世界。通过参与人所共知的世界（即"第一世界"），作者、故事讲述者或幻想制造者从熟悉的旧世界中创造出某种新的东西。一个"异域世界"就此创立，这就是第二世界。根据柯勒律治（Coleridge）的说法，这是对第一世界的想象力在起作用。根据奥登（Auden）的说法，由此创造出的就是"第二世界"。奥登认为第二世界满足了两种互补的欲望：

每个人都带有两种欲望：一种欲望是了解第一世界的真相，即了解我们出生、生活、热爱、憎恨以及死亡的那个外在世界；另一种欲望是创造新的、属于我们自己的次要世界。如果自己无法创造，那就与有能力创造第二世界的人一同分享。[28]

　　苏族奥格拉拉部落的人一同分享了黑麋鹿的"第二世界"，在这个世界的鼓舞下，所有人都在黑麋鹿的"第二世界"里充分发挥了个人的创造力。因此，黑麋鹿的幻象之所以重要，就是因为它改变了整个部落。黑麋鹿的"第二世界"之所以充满鼓舞人心的力量，就是因为它脱胎于整个部落的第一世界，而部落成员"渴望了解它的真面目"。《贝奥武夫》这类作品与当代儿童之间的关系同样如此。一部作品的"第二世界"并非现实本身，而是它的某个部分被移除、重塑、改造并被套上框架。由此形成的"第二世界"是伟大的，因为它们有助于实现我们的第一种欲望，即了解"第一世界的真相"。

　　孩子们在讲述和创作自己的故事时，就是在创造"属于自己的全新的第二世界"，这个世界体现的是第一世界的真相。而在演绎、讲述和创作属于其他人的第二世界的故事时，孩子们不仅是在"相互分享（那些）第二世界"，也是在创造新的东西。这些新东西可以被称为"第三世界"。10 岁的伊莫金曾参加过一个以荷马（Homer）的史诗《奥德赛》（*The Odyssey*）为基础设计的项目。下面这个故事就是她当时创作的：

　　看看这张脏兮兮的床单。就算说它掉在卧榻底下已有一个世纪那么久，我也不会感到惊讶。不过我可绝不能抱怨。毕竟今天将会是美好的一天……那是什么声音？我的女主人向她的父亲，伟大的海王阿尔基诺奥斯（Alcinoos）索要一头拉车的骡子，她会乘车前去洗衣。呼——至少我不用走路了。当伸展那玫瑰色指尖的黎明女神驾到时，我们已经站在了宫墙之外……河床碧蓝光洁，河水尽职地将污垢洗净，泥沙顺流而下……那是什么？一个蛮荒之人。不过他至少用一根橄榄枝遮住了自己的裸体。我敢打赌他很羞愧，那是一个正值壮年的中年人。[29]

在这里，伊莫金想象自己是瑙西卡娅（Nausikaa）的女仆。当赤身裸体的奥德修斯在岛上被人发现时，她就在现场。她创造了一种不同于荷马的语言，一种居家对话的语言，从而将叙事材料变成具有个人风格的东西。但她也采用了荷马的语言手段——借用"诨名"（epithets）来保持与原著在语言上的关联。比如，"伟大的海王阿尔基诺奥斯"以及"伸展那玫瑰色指尖的黎明女神"。她利用了原著的一些片段，创作出具有个人特色的故事，故事讲述了一个女仆对某个涉及重要人物的事件的反应。她创造出第三个现实，一个以她正在经历的第二世界为基础，在其之上嫁接出来的第三世界。

在小学的课堂上，阅读虚构文学作品的"异域世界"需要我们全身心地投入，就像本章以及书中其他章节所指出的那样。而这自然会引起新作品诞生，并促使我们对读写素养策略"框架"中推荐的文本进行更近距离、更深入的探究。与之相对的处理方式（也是导致本章开头激烈争论的原因），则是为了一些次要目的敷衍应付推荐文本，却忽视了文学原本可以让人生更美好的力量。

参考文献

1. Gantz, J.（1976）'Pwyll Prince of Dyfed', *The Mabinogion*, 47. Harmondsworth: Penguin.

2. 'Labour hits back at 'elitist' attackers', （July 23, 1999） *Times Educational Supplement.*

3. Bateson, P.（August 31, 1999）'Let children play', *The Guardian.*

4. Uttley, A.（1967）'Little Red Fox and the Unicorn', *Little Red Fox Stories*, 43-77. London: Heinemann Books.

5. Winnicott, D. W.（1971）*Playing and Reality*, 12. London: Tavistock Publications.

6. Winnicott（1971）47.

7. Winnicott（1971）17.

8. Winnicott（1971）16.

9. Winnicott（1971）6.

10. Hill, E. *Spot's Friends*. London: William Heinemann.

11. Goodall, J. S. *Creepy Castle*. London: André Deutsch Publishers.

12. Bruna, D.（1962）*Animal Book*. London: Methuen Publications.

13. Pienkowski, J. *Shapes*. Harmondsworth: Puffin Books.

14. Stannard, J.（1998）*The National Literacy Strategy*

Framework for Teaching, 5.London: Department for Education and Employment.

15. Stannard（1998）2.

16. Smith, F.（1978）*Reading*, 1. Cambridge: Cambridge University Press.

17. Smith（1978）9.

18. Browning, R.（1941）'The Pied Piper of Hamelin', in *Poetry and Prose*. London: Oxford University Press.

19. Dewey, J.（1934）*Art as Experience*, 260. New York: Minton, Balch and Company Publishers.

20. Dewey（1934）56.

21. Dickens, C.（1969）*Hard Times*, 240. Harmondsworth: Penguin Books.

22. Neihardt, J. G,（1974）*Black Elk Speaks*, 41. London: Abacus Paperbacks.

23. Neihardt（1974）118.

24. Neihardt（1974）126.

25. Ross, M.（1984）*The Aesthetic Impulse*, 44. London: Pergamon Press.

26. Alexander, M.（1973）*Beowulf.* Harmondsworth: Penguin Books.

27. Bodkin, M.（1934）*Archetypal Patterns in Poetry*, 2. London: Oxford University Press.

28. Auden, W. H.（1954）*Secondary Worlds*, 1. London: Faber and Faber.

29. Carter, D. B. (1987) *The Odyssey Project*. Mold: Clwyd County Council.

第二章

讲故事与读写能力
Storytelling and literacy

基拉：那些奇怪的记号是什么呀？

珍：是文字。

基拉：什么是文字？

珍：留下来的词。我的主人告诉我的。[1]

*

文字会自然而然地印在脑中

在人类交流史中，读写的能力是后面才发展起来的。近期在埃及的考古发现表明，“印在泥板上的亚麻布和油料运输记录”可以追溯到大约5300年前。[2]尽管看起来这似乎相当久远，但实际上书写时间仅占人类话语历史的3%。在另外97%的时间里，人类的交流完全依靠谈话实现。在几千年的谈话历程中，发展得最为成熟的产物就是讲故事。在过去的15年中，这门技艺在西方世界有所复兴。但实际上直到20世纪30年代，米尔曼·帕里（Milman Parry）在巴尔干半岛的研究才彻底让我们意识到这门技艺曾经达到的高度。[3]

帕里的工作让他得出这样的结论——荷马讲故事完全是口头行为，这使得《伊利亚特》（*The Iliad*）和《奥德赛》这两部历代文学评论家公认的伟大文学作品，从严格意义上来说根本算不上“文学”。帕里称，这两部作品都不是用文字书写而成的。它们是通过谈话，更准确地说是通过歌唱创作出来的。它们属于即兴创作，就像爵士乐中的即兴演奏一样，而且每场演出都不重样。如此恢宏的作品竟然是以这种方式创作出来的，这几乎超出了具备一定文化素养的人的理解范围，因为在他们看来，文盲处于劣等地位。然而自米尔曼·帕里开创性的研究以来，研究古希腊的学者逐渐形成共识：荷马，无论他或者他们究竟是谁，都没有借助过任何形式的读写手段来进行创作。[4]

如今我们已经很难想象了。就算是作为**备忘的记录**（aide-mémoire）也没有留下。没有笔记。没有翻录。为了尽量帮助大家理解，我会回顾曾参加过的一次由休·勒普顿（Hugh Lupton）主持的讲座，题目是"说书人表演团"（The Company of Storytellers）。休希望介绍一些能够帮助大家记忆故事内容的方法，方便我们今后将故事复述给别人听。"试着看图片，"他敦促大家，"文字会自然而然地印在脑中。"这是一种将图片转化为文字的方法。如果故事讲得好，就能进而在观众的想象中把文字再次转化为图片。他还介绍了口传民间故事或童话的表层结构，以及某些固定的口语搭配是如何出现的，比如"嘿，嗨，吼，哈，我闻到了英国人的气味"（Fee, Fi, Fo, Fum,[1] I smell the blood of an Englishman）这句。休说，这些固定搭配在故事讲述人进行表演时被拿了出来，和脑海中构建的画面一样，都起到了类似于固定支点的作用。[2]

因此，那些记在脑海中的画面，通过口传就能记住的韵脚，或者充满节奏感的固定搭配，对休来说（希望也包括我们）已经提供了足够多的提示，根本无须用笔写下来。当休为我们

---

[1]　译者注："Fee, Fi, Fo, Fum"是童话故事《杰克与魔豆》中骇人的巨人挂在嘴边的台词，以此表现他的怒吼。

[2]　作者注：休·勒普顿的讲座为希望在课堂上推广口传故事（oral storytelling）的教师开设，课上介绍了记忆和复述故事的多种技巧。

演绎他的故事时，我们显然也注意到手势和面部表情对于记忆的辅助作用。所有这一切似乎与荷马面对一群古希腊听众唱歌的情景相去甚远，但它依然能够为更复杂的语言艺术提供一些指向性。我想要说的是，想要讲故事的冲动和这种能力本就存在于我们所有人的体内，这是一种宝贵的语言和精神资产，一种自从平面媒体占据主导地位之后就被我们长期忽视的资产。

休·勒普顿的表演过程相对简单，而且并非完全的口头演绎。作为一个能读会写的人，休收集的故事既有他听来的，也有他读来的。然而在英国，仍存在一些和无文字记载时代的说书人所类似的口传故事传承者[1]，休从他们那里也听到了很多故事。这些说书人在世界其他地区更为普遍。露丝·芬尼根（Ruth Finnegan）在西非和南太平洋的研究为这一点提供了大量证据。她对林巴人（Limba people）和南太平洋地区居民的研究为我们揭示了这类语言艺术所取得的巨大成就。5

正是米尔曼·帕里20世纪30年代对南斯拉夫口传诗人的研究使他确信，荷马并不是作家。当埃兹拉·庞德（Ezra Pound）这样的文学评论家和诗人以文字盛赞荷马时，他脑海中想到的是最伟大的文字大师，是另一位莎士比亚（Shakespeare），甚至更胜一筹。然而令人吃惊的是，文字对荷马来说或许毫无意义。他的媒介并不是用字母构成单词、单词再构成短语的视觉代码，而是由口语单位组成。甚至就连这些口语单位也不是荷马"原创"的。通过口头语言这一媒介创作语言艺术作品更多是一种共同完成的行为。

---

[1] 作者注：休提到了苏格兰说书人邓肯·威廉姆森（Duncan Williamson）。

荷马的创作公式

对当代南斯拉夫口传诗歌的广泛研究使得米尔曼·帕里相信，荷马经常使用传统的诨名是他身为口传诗人的有力证据。所谓"诨名"，其功能类似于休·勒普顿提到的"Fee, Fi, Fo, Fum"的例子，但诨名通常是形容词短语，而不是某个角色或某首歌谣的言语内容。诨名通常是对人物的描述。每当某个特定角色出现、说话或采取行动时，介绍他或她的名字时会伴随一个或多个与该角色出身或身份相关的绰号，就像《奥德赛》中的这些例子：

> **灰眼女神**雅典娜（Athena）……
>
> 宙斯（Zeus），**众神与人类之父**……
>
> 伸展那玫瑰色指尖的黎明女神……
>
> 现在是宙斯，**云彩之神**……
>
> 奥德修斯，**真王之人**，回答道……
>
> 奥德修斯，**伟大的战略家**……[6]

正如我所说，诨名是帕里假说的关键。但就荷马的创作过程而言，诨名是一种公式化创作方法的要素之一。各种各样的公式经过调整以满足六步格诗体的需要，起到类似于章节标题的作用。与托尔斯泰（Tolstoy）的《战争与和平》（*War and Peace*）、乔叟（Chaucer）的《坎特伯雷故事集》（*The Canterbury Tales*）等伟大的小说或叙事诗一样，构建这种看似虚无缥缈的内容还是很有必要的；而构建行为的关键一环则是观众。荷马的听众应该知道这些诨名以及其他公式，他们应该对说书人的各种手法习以为常：

> 他的听众肯定从出生时起就一次又一次听过有人唱诵那些长篇史诗，那些史诗总是具有一样的创作风格。这篇诗作的措辞对于当代读者来说只有通过长期研究才能领会，而对当时的人来说就连细枝末节的内容也是那般耳熟能详。[7]

荷马的听众恐怕是最为苛刻的。他们中的每名成员都有一双挑剔的耳朵，但他们想要听到的并不是诗人原创想法的流露，甚至不是任何"被特殊化的意义"。帕里坚称，我们应当避免总想着"深度和技巧"这类东西，那或许是我们"在当代艺术中所崇尚的"。这样做的结果，在帕里看来，免不了导致我们"为歌颂与众不同而诋毁人之常情"。[8]

所以，这就是荷马在写作诞生之前创作故事的方式。这种方式脱胎于诗人和听众之间形成的特殊关系，与如今两者之间的关系相去甚远。这种方式是荷马所从事的那种艺术的最佳范例。无论是真实故事还是虚构小说，这都是创作和传播它们的唯一途径，是最崇高的追求，当然我们通常很难分辨两者的区别。在字符逐渐侵蚀这门艺术、小说或其他文学作品最终取代这门艺术之前，像荷马这样伟大的语言艺人就是这样在世界各地磨炼着自己的技艺。还有那些在自家火炉边、在街上或公共场所讲故事的普通人，同样如此。前者讲的故事如今被称为神话，后者讲的故事则被称为童话、民间故事或者传说。

⚔ 住在身体里的听众

我会在本书中不断强调口传故事对培养儿童语言表达能力和读写技能的重要价值。不过在此之前，我们首先需要思考口传故事的具体特点。为此我将借用导演彼得·布鲁克（Peter Brook）的作品来做说明。布鲁克在导演一部由印度史诗《摩诃婆罗多》（The Mahabharata）改编的戏剧时，他的基本构想是将其呈现为一个娓娓道来的故事，由一位扮演说书人的演员逐步引出每个场景。这个构想促使布鲁克开始思考说书人与他所讲故事之间关系的本质。当时，布鲁克在接受采访时曾谈到存在**内部**（internal）和**外部**（external）这两种讲述故事的方法。也就是说，他敦促演员要同时兼顾表演与倾听。他坚信这会让故事变得鲜活，让重新讲述成为一种重新发现：

> 我认为言语表达的质量、语气传达的质量，取决于是否能做到某种双向倾听。因为当你讲述一个故事时，你同时会倾听，对吗？那是不是就存在两个听众？你面前有一个听众，或许是第一次听到这个故事。同时你内心还有一个听众，已经懒得再听你讲了几百次的故事了。就像某人很喜欢他的声音，但也不得不听着他一再重新品味这个故事，接纳这个故事。这就是双向倾听。当你向别人讲述时你自己也在倾听，你是在真正地重新发现这个故事。[9]

对于像荷马这样的口传诗人来说，做到这一点或许比布鲁克的演员要轻松得多。尽管布鲁克只挑选最优秀的演员，但他们仍然是文字社会的产物，不可能像无文字记载时代的诗人那样拥有丰富的口语技巧和惊人的记忆力。

根据阿尔伯特·洛德（Albert Lord）的说法，口传诗人至少需要一天的时间来消化新材料，然后才能将其复述出来。新的故事会"隐没于他自己的故事主题和公式当中"，并不会一字不漏地重现。[10] 诗人会将其改编，以配合自己的节奏。或许诗人还会从别处挪用一两个诨名。但即便是诨名，也会经过增减以契合诗人的风格：当然，他会一直保持倾听和表演。此外，听众的参与也至关重要。口传诗人和作家最重要的区别在于受众。正如沃尔特·翁（Walter J. Ong）所言："作家的读者总是虚构的。作者必须设定一个角色，让缺席的、往往是未知的读者有个可以安放自己的位置。"[11] 而对于口传诗人来说，他们的故事具有一个特点，即需要根据表演中的状况、听众的反应以及（荷马时代）听众的积极参与适时做出调整。因此，讲故事就成了"表演中的创作"，口传诗人不应被视为作者或创造者，而应被视为听众和灵感缪斯（Muse）的中间人。

听故事的重要性

以上是我对几千年前另一个时代和社会的回顾，这似乎与21世纪的小学生在"读写素养策略"的架构下开展学习关系不大。然而令人颇感玩味的是，恰恰是推动了书写尤其是印刷术发展的技术进步，同时也在推动口头文化的发展。大多数幼童花在对口语交流做出反应上的时间比花在对书面用语做出反应上的时间要多得多，而在很多人看来这两种形式往往是矛盾的。因此，对儿童看了太多电视以致在阅读方面进步甚微的惋惜之声才会成为教育项目中具有代表性的论调。其实大可不必。听故事的孩子，也可以成为讲故事的孩子。电视可以被视为一种获取故事的来源，一种通过语言获取快乐和指引的方式。社会也可以，学校就更是如此。

分享故事的需求对我们所有人都至关重要。事实上，无论愿意与否，我们都在这样做。然而在当下这个文字社会里，讲故事的方式主要与书面形式有关。例如，少儿节目《童话天地》（*Jackanory*）[1]里讲故事的明星即便看起来是在自然地讲故事，但实际上他们也需要背台词。这种背诵有它的作用，但即兴故事的价值却要大得多，因为它更接近于口传诗人的行为。如果能尽早引入讲故事的活动并使之成为儿童大众化教育的一部分，我们所讲的故事就会更贴近即兴故事。这种方式在世界其他一些地方至今仍然存在。例如，在布干维尔海峡（Bougainville Straits）一带仍有这样讲故事的方式。这为我们的孩子提供了一个重要示例：

在这里，故事并非一成不变的整体，并非通过口传传统以固定的形式流传下来，而是一系列或者一组"主旨"的集合，即主题和情节。一个说书者会用某种方式把它们组合起来，而另一个说书者则会采用另一种方式，因此任何故事都没有最终的、"正确的"版本——只有一名讲述者在特定场合将故事整合起来的不同方式。12

---

[1] 译者注：BBC（英国广播公司）在1965—1996年制作的一档儿童故事节目，每期都会邀请名人为孩子讲述引人入胜的童话故事，同时配有精美的图片。

这种框架能够帮助儿童更加轻松地编故事，不同于学校时不时要求学生"写出一个故事"的直接指令。后一种教学法预设了这样的前提：儿童的小脑袋里已经存储了相应的主题和故事情节。当我们拿到五花八门但又缺乏想象力的《星球大战》（*Star Wars*）改编版时，又能抱怨什么呢？

然而对于在校生来说，有用的主题和情节其实是以各种形式存在的。其中包括代代相传的故事，老一辈人的过往和回忆，以及当地历史的方方面面。这些都可以经由某位富有想象力的老师的调制，成为一锅丰富的故事大杂烩。就连学校内部的场所和物品，无论是位于建筑里的还是存在于自然现象之中的，有时也可以与故事的主题完美呼应。在校生活期间，上课、集会以及来自不同背景的人们齐聚一堂，也能催生许多的灵感、主题和情节。

▶ "会讲故事的石头"

面对从世界各地濒临消失的口传传统中拯救出来的海量内容，一些教师也会积极地从中寻找各种故事，这是他们的工作之一。聪明的老师会设法在课堂上创造这类不同文化相互碰撞的故事，并一直寻找新的机会。一个参与"教育剧场"（Theatre in Education）[1] 项目的剧团就为我们提供了这样的例子。该剧

---

[1] 译者注：教育剧场是西方儿童戏剧教育的重要组成部分。由专业的戏剧从业者带领学生参与戏剧活动，包含现场表演、戏剧游戏、即兴创作等内容。它和普通剧场的显著区别就是作为观众的儿童可以随时参与到舞台表演中，鼓励思考与创造。

团致力于推广口传故事这门艺术。关于这个故事，我们最好从活动接近结束时讲起。

一个看起来很不安的 8 岁男孩站在学校礼堂里，手里握着一块大大的鹅卵石。面对全班同学，这个原本拒绝参加活动、说自己没故事可讲的男孩，终于开始讲起他的故事。整整一天，他都没有碰过纸和笔。但他看过演员扮演各自的角色，讲述不同的故事，这给了他莫大的勇气。他开始讲故事，没过多久我们都被他的讲述深深吸引，而他则紧紧握着那颗"会讲故事的石头"。就这样，一个关于英雄的故事被他娓娓道来。英雄拥有一把巨大的钥匙，把家里的其他成员锁在地窖里，以惩罚他们和其他伙伴私自走掉的行为。英雄带着钥匙离开了家，去往澳大利亚，在那里发现了一个装满财宝的箱子。在拿走这个箱子之前，他必须打败一个叫"龙"的男人。英雄胜利了，财宝属于他了。他感到自己无比强大，尽管那一刻如此短暂。

这个故事的主题和情节来自两位戏剧演员提供的素材。在此之前，他俩站在一处沙坑里扮演讲故事的流浪汉。沙坑周围都是稀稀落落的灌木丛和石子。他们的台词也寥寥无几。这出戏和贝克特（Beckett）或品特（Pinter）的作品很像，不需要太多台词就能呈现丰富的内容。两人遇到第三个角色时，这个特点表现得尤为突出。后者住在一个用木棍和麻袋搭建的帐篷里。观众很难给这三个角色下定论，特别是第三个角色，他突然从那又脏又破的棚子里出现。当他摇摇晃晃地走出帐篷时，表情显然万分痛苦，立刻赢得了孩子们的同情。他丧失了记忆，请求孩子们帮助他回忆起不幸的过往。这里有一些线索：他手臂上的血迹、一枚戒指、一张年轻女子的照片，以及一把很大的龙头钥匙。另外两个角色问了他很多问题。这个悲伤的陌生人则根据孩子们提出的问题，用一根棍子在沙地上写下"遗忘"（Forget）这个词。

这出戏结束时演员并未解答任何问题，而是让孩子们以口头编故事的形式自己寻找答案。为帮助他们完成任务，几位演员还在随后的故事构思环节为孩子们营造出一种极具感染力的氛围。一位演员用录音机播放了一段旋律，孩子们则在萦绕耳边的乐曲声中闭上眼睛，在脑海中构想故事画面。关于这几个角色，存在大量模棱两可之处，而故事素材在设计上又极为用心，赋予了孩子们无穷无尽的创作可能性。三件重要道具——戒指、照片和钥匙——都具有重要的原型意义，逐渐成型的各种故事令人想到《罗密欧与朱丽叶》（*Romeo and Juliet*）、《哈姆雷特》（*Hamlet*）、《洛摩罗斯和勒莫斯》（*Romulus and Remus*）。漫长旅途、船只失事、失去家园、流离失所等各种各样的情节，都反映出具有重大现实意义的当代问题：离婚、家庭破裂、孩子遭到遗弃。然而每个故事又各有差异。其中一个故事是这样开头的：

从前有一对坏心眼的国王和王后，他们把自己的儿子当作仆人。于是儿子就想报复，他趁母亲不注意的时候拿走了她的戒指。城堡只有一把钥匙，而且没人看守。于是他也拿走了钥匙。他所做的一切都是为了让母亲难过，就像她让他难过那样。然后，他的妹妹安吉莉卡（Angelica）公主来了。她是他最喜欢的妹妹。他告诉她自己要去沙漠，并且会一直待在那里……[1]

---

[1] 作者注：这是奥特里奇剧团（Outreach Theatre Company）在某次讲座时讲述的故事。1990年春季学期，他们在克卢伊德郡各校巡回演出剧目"讲故事的石头"（The Storytelling Stone）。当时的剧团成员有：团长凯文·刘易斯（Kevin Lewis）、特蕾西·卡瓦利耶（Tracy Cavalier）、斯图尔特·塞勒（Stuart Seller）和大卫·劳埃德-斯基勒（David Lloyd-Skillern）。

这是孩子口头创作的故事，并在全班和表演团面前进行了表演。创作故事的孩子第一次以这种方式表演，完全不借助任何书面文字。我相信，这向我们展示了一种比书写要古老数千年的语言艺术形式所具有的潜力。如果这种方法的价值能够得到认可，并作为儿童读写素养教育的一个实践内容，将产生广泛且积极的影响，对于儿童的语言表达、读写素养乃至自主意识的培养等各方面都极为有益。多给孩子讲故事的机会，也有利于强化孩子的语言和非语言记忆力，对叙事结构的组织能力、描述角色的能力（运用诨名和刻画人物行为）、抒情表达能力、对叙事节奏的把控，以及对叙事张力的把控等。这一系列的技巧和意识，也是具备文化素养的人理解和欣赏散文体小说、叙事诗和非虚构故事的必要能力。让我震惊的是，养成定期参加此类活动的习惯，能够快速提升参加者的阅读能力，无疑也会让他们的口语表达更加流畅。

说书人从不忘词

但是书写，带着它所有的神秘，走向歌手的听众。终于有人找到歌手，请他唱诵那首歌谣，这样他就可以将歌词记下……这是他至今做过的最奇怪的一场表演。[13]

一家巡回剧团正在录制一档供学校观看的节目"讲故事之夜"。尽管没有现场观众，但一切原本都进行得很顺利。他们都是演员，在与观众近距离接触而建立起的充满活力的融洽关系中，他们的表演收放自如。然而在这里，他们必须对着镜头表演，面前只有很少的人和一堆电线、箱子、盒子以及照明设备。随着疲劳的加剧，有一两个人开始出现小小的失误，甚至忘记了台词。剧团团长兼演员突然说："我忘词啦！"他对此感觉难以置信。这是他第一次忘词，而这已经是排练的最后一周了。一位比较年轻的演员在其中一个故事里担任主角。他念错了一个词，于是大家必须停下来重录。因为演员必须正确地说出这个词，而他却失误了。剧团团长兼演员一时间也忘记了自己该说的词。不熟悉的环境使人分心，造成问题频频出现，持续了好几分钟。

对剧团来说，这种情况令人气馁，它原本应该是一部成功的戏剧作品。在我这个旁观者眼里，现在的情况充满了各种令人玩味的对应、比较和问题。这些剧目（讲故事）的原始材料，原本主要来自口口相传的民间传说和童话故事，现在却需要印在一本书上拿给演员看。尽管演员的剧本依然包含各种动作设计和即兴创作，但剧本所依据的仍然是这本书。由于书里的词汇是固定的，所以演员必须背下来。这些词尽管不是唯一的，却构成了讲故事的主体。即使剧中的演员有时候也会坐在椅子上讲述故事，但这部分必须依照背下来的文本进行表演，因为还要考虑到灯光变化的背景线索和其他演员的反应。剧团认为，考虑这些因素对于演员吃透剧本至关重要。[1]

即使表演的过程完全基于即兴创作，最终这些剧目还是会形成某种固定的、最终版的文本，因为达到戏剧的要求是剧团

---

[1] 作者注：1989 年 12 月，有关方面希望为奥特里奇剧团的圣诞故事秀拍摄一部纪录片。当时的剧团成员有：团长凯文·刘易斯、特蕾西·卡瓦利耶、丽丝·伊万斯（Rhys Ifans）、大卫·劳埃德－斯基勒、艾莉森·薇恩（Alison Wynne）和斯图尔特·塞勒。

演员应尽的职责。显然，这与口传故事的传统是有区别的。它们是两种不同的话语形式。即使在彼得·布鲁克导演的《摩诃婆罗多》里，角色讲述故事的场景也没有采用古代表演者讲故事的方式。布鲁克的演员在剧中扮演故事讲述者的角色。他们可能会忘记自己的台词，然而口传故事的讲述者会忘词的情况是难以想象的，因为原本就没有什么台词，直至他们将故事娓娓道来。

由于媒介变化所带来的压力，巡回剧团的演员们才会面临这样的困难。面对摄像机和面对现场观众时对表演的要求是不一样的。毫无疑问，在文学创作的早期阶段，当游吟诗人站在文字创作者的桌前时，想必也经历过某种最初的彷徨。原本用于辅助他的一切都不复存在了：

没有音乐，没有歌声，没有任何东西能帮助他保持正常的节奏，只有以前唱歌时在脑海中留下的回声和形成的习惯。没有这些辅助，就很难像平时那样把歌词串联起来。[14]

更糟糕的是，连贯性消失了，意思之间的承接消失了，因为"他现在不得不频繁地停顿，好让记录者将他说出的话记下来。说一句记一句，有时甚至说到一半就要记下来。这很困难，因为他的思想早跑远了"。[15]

当然，演员和游吟诗人的处境仍有巨大差异。对演员来说，录制环节只是一个很小的暂时性困难。但对游吟诗人而言，这开启了语言艺术领域一种传统的终结和另一种新形式的诞生。两者截然不同，甚至比戏剧和电影的差别更大。创作方法全然不同，艺术家的心理状态不同，他们与周围文化的关系也不同。

这些差异的关键在于因为字母、书写和印刷媒体的出现所带来的巨大变化。

♅ 歌唱、讲述与写作

游吟诗人和民间故事的讲述者是各自文化的守护者。他们的贡献在于大致维持文化的最初形态。他们传达故事人物的价值观、希望、恐惧以及哲学。评判一场表演好坏的标准是它是否拥有触动人心的魔力，是否能让观众痴迷，是否能让观众为自己身为特定文化的一员、为这个文化集体感到喜悦。一场伟大的史诗演绎能够让人们团结一心，增强文化凝聚力，并进而促使人们更加坚决地抵御任何对抗自身文化的力量。因此，演出的背景甚至比演出本身更加重要。即便《奥德赛》也不是作为一部文学作品被创作出来的，而是为每一次的观众不断更新，目的是将观众团结起来。意义与背景密切相关，语言为交流服务，传达人们需要和想要听到的意义。

另外，通过书写进行创作在沃尔特·翁看来就是"只关注语言本身的意义"[16]，为表达个体语言艺人的独特性营造出无限可能。创作是需要独自完成的行为；它将语言艺人的内心世界带入剧情，使之更加外显。同样的，艺人所使用的词汇还可以独立于观众存在，并且可以永远如此。即便对观众来说这些词汇已经死亡，它们也依然存在。更进一步说，即使它们表面上已经死亡，却可以随时复活，就像深埋于地下的种子："……文本的死亡，它从活着的人的生活中消失，它在视觉上的一成不变，反而确保了它的持久性，确保它有望在不计其数的活着的读者中复活，在无限的、充满生机的语境中复活。"[17] 文字拥有自己的生命，而口传诗人说出的话语却会在那一瞬间诞生并死去。

因此，文学的发展意味着语言艺术不再局限于个人表演的时刻，那是属于社会的时刻。文字作者可以探索其他世界，特别是自己想象中的世界，正如哈夫洛克（Havelock）所说：

> 通过将知者从已知中分离，写作让人越来越明辨内心，让人前所未有地敞开心扉，不仅是对与自身截然不同的外部客观世界敞开心扉，也是对与客观世界相对的内在自我敞开心扉。[18]

因此，文字作者的创作过程是一种私人追求，他的受众在很大程度上是想象出来的。而口传诗人的创作过程则完全公开，在他进行创作的那一刻，听众就在他面前。

于是，写作"走向歌手的听众"，一种新的创作方式就此诞生。创作的时刻与表演的时刻不再重合。距离越拉越大，甚至连表演的意义也被削弱。语言艺人如今需要独自完成作品，并永远将其固定下来。以前，他的作品会在一次又一次的表演中不断变化。而现在的变化则要取决于读者的反应。文字有着自己的生命，因此被固定在文字中的语言艺人的作品能够被解读，被个人回应。无论作者如何努力回避，这都是事实。因此作品，一旦离开作者的笔尖，进入公共领域，就不再为作家的任何意图或目的所摆布，正如伊斯特霍普（Easthope）所看到的："它体现在语言中，是公众的专有财产；它关乎人类，是公共知识的所属物。"[19] 由于被固定下来，文本也就具备了雅克·德里达（Jacques Derrida）所说的"物质性"，并因此"永远不可能被有意识的意图完全渗透——文本对读者的意义总是与它对作者的意义有所不同"。[20]

🅈 两种传统缺一不可

这对于培养儿童阅读和写作技能的影响是极为深远的。一部将语言作为背景的作品（口传故事），和一部语言处于前景位置的作品，儿童对两者的反应会截然不同。但是这两者的重要性是等同的。儿童需要同时接触这两种语言形式，才能成长为全面的语言使用者。当一个孩子接触口传故事，或者接触任何文本本身处于背景而故事内容处于前景的文学体验时，如果他要进行复述、演绎或写作，就一定会用自己已经掌握的词汇。因此，举例来说，如果那个孩子知道某个传说的梗概，那么不管他接收到的词汇是什么，他都有可能用自己的话来充实这个故事。那些飘浮于空中的词汇仿佛就是透明的容器，装着故事钻进了接收者的耳朵，而词汇本身却并非必须引起关注的固定元素。于是这就为创作一种固定的、由语言构成的新故事提供了机会，为创作口传故事的文字版提供了机会。薄伽丘（Boccaccio）、莎士比亚和特德·休斯（Ted Hughes）等作家正是抓住了这样的机会。如果能将这样的机会赋予儿童，对于建设文化型社会将起到重要作用。

而接触文学文本，也就是语言本身处于前景的文本，儿童的反应过程又会不一样。在这种情况下，语言是不容忽视的。事实上，忽视这种以文本形式固定下来的语言，就意味着对这种媒介视而不见。接触这样的文本，就需要同时关注文本的意义和文本这个实体。于是，必然会出现合适和不合适的应对方式。学校如果忽视了这一点，就会错失一部作品对儿童所具有的丰富的教育意义。比如一位老师在给她的学生讲《麦克白》（*Macbeth*）的故事，如果删去莎士比亚的文本和结构，孩子们按照自己的想法去理解也完全没有问题。然而，这样的冒险尝试与莎士比亚几乎没有任何关系。莎士比亚的作品在语言、结构、舞台艺术和人物塑造等方面具有极高的艺术性，这是他的文本所固有的特点，对阅读提出了一定的要求。"麦克白夫人生了几个孩子"这样的问题是无法达到这样的要求的。莎士比亚文本的固定性使其故事的所指性更加明确。事实上，确实有很多故事与《麦克白》有着类似的故事梗概。但是在文学艺术造诣上，没有任何其他作品可与之比拟。因此，当某个孩子根据这个文本编出一些东西时，比如写了一篇文章，那么这个孩子所写的东西很可能混合了莎翁的文本元素和这个孩子对文本的反馈。于是，孩子从课堂上获得的经验就会在他所写的作品中成为口传传统的有益补充。若非要提供一条有用的指导方针，或许就是：文本创作过程中的艺术加工占比越高，教师和儿童的反馈就越应该以整体文本为对象，而不是以文本的某个要素为对象。

📕 让儿童多写故事

儿童若要成为出色的小说作家，就需要积极运用想象力，只有这样才能创造出奇幻的异域世界。而想象力的培养，取决于他们接触的故事类型是否丰富、教师带领他们体验阅读的方式是否多样。课外接触到的与虚构文学有关的体验也很重要，但其中大部分来自电影、电视和电脑游戏。不过，如果能积极采纳本书第一章推荐的各种阅读项目，并按照第四、第五、第六章的介绍不断培养学生的阅读能力，他们的想象力应该能得到更加充分的发展。这些章节的目的就是鼓励孩子积极主动地体验异域世界的生活。

如果希望儿童自己创作出来的故事具有可读性，能够被其他读者所欣赏，则还有两种更为具体的能力有待培养：一是把握故事结构的能力，二是要形成个人风格。通过接触各种类型的虚构作品，这两种能力就可以逐渐得到加强。当然，如果能够让儿童同时接触口头故事和书面文学作品，这一能力强化的过程还会更快。我所指的"接触"是指：孩子多听人讲故事；多听人朗读故事；孩子自己也要经常讲故事、写故事；以及，通过戏剧和其他艺术形式不断回顾这些作品。

可以说，儿童对故事结构的感知是通过听人讲故事和自己讲故事慢慢培养起来的，而想要创作出具有个人风格的故事，又离不开听人读故事以及自己写故事。凯瑟琳·卡特（Catherine Carter）在她的教育学硕士论文中提到了一项有趣的研究：

> 研究表明，尽管听说书人讲故事能够让儿童感受语言的流动性，形成对故事结构的感知，但听人大声朗读文本则可以丰富儿童的词汇量，提高他们自己创作复杂书面叙事的能力。[21]

卡特的研究聚焦于一班学生参加一系列听故事和写作活动的情况。活动期间，孩子们听人讲故事和听人朗读故事的比重是均等的。卡特指出，尽管研究时间很短，但大多数孩子在写故事时对结构和风格的把握仍表现出明显的进步，这是均衡接触两种截然不同的倾听体验的结果。她这样总结自己的研究：

在这项研究中，学生先听人讲故事，然后再听人大声朗读用高质量文本写成的、类型相同的故事，培养自己写故事的技能。听人讲故事有助于把握故事结构。听人读故事则可以增强对故事节奏的控制力，提高对故事的鉴赏力，学习使用更加复杂的句式和文学语言。如果先听人讲故事后使用书面文本，学习效果更佳。[22]

如果在这么短的时间——半个学期之内——并且仅仅通过听和写的活动，学生就能在故事写作方面取得如此明显的进步，那么一个更具雄心的项目必定会产生更加深远的影响。本书的一个重要主张就是：通过让学生参与到第一章所描述的各种项目中去，让他们大量接触和创作口头故事、书面文学作品，那么他们的写作能力必将显著增强。如果学校能够将其作为全校办学理念和教学方法加以推广，效果会更好。此外，我认为这种方法对于提高儿童的逻辑推理能力、创造性想象力和流利的说、读、写能力都是大有裨益的。

参考文献

1. Henson, J. and Ox, F.（1982）*The Dark Crystal*, UK. [film].

2. "Tax form' tablets revise history of writing'（December 16, 1998）London: *The Guardian*.

3. Parry, M.（1971） *The Making of Homeric Verse*. London: Oxford University Press.

4. Parry（1971）.

5. Finnegan, R.（1988） *Literacy and Orality*, 45-122. London: Basil Blackwell Publishers.

6. Fitzgerald, R.（trans.）（1961）*The Odyssey*. London: Collins Harvill.

7. Parry（1971）129.

8. Parry（1971）141.

9. Brook, P.（1989）*The 1989 International Storytelling Festival Souvenir Programme*, 9-10. London: The South Bank Centre.

10. Lord, A. B.（1960）*The Singer of Tales*, 32. New York: Harvard University Press.

11. Ong, W. J.（1982）*Orality and Literacy*, 102. London: Routledge.

12. Finnegan（1988）92.

13. Lord（1960）124.

14. Lord（1960）124.

15. Lord（1960）124.

16. Ong（1982）106.

17. Ong（1982）77.

18. Havelock, E.（1986）*The Muse Learns to Write*, 64. New Haven: Yale University Press.

19. Easthope, A.（1983）*Poetry as Discourse*, 5. London: Methuen Publications.

20. Havelock（1986）58.

21. Carter（1998）*Story Writing Abilities*, 15. Wales:Unpublished MEd Dissertation.

22. Carter（1998）64.

■ 第三章

虚构文学作品赏析的几种方式
Ways of working with fiction

作为中间人的教师

在当前的读写策略和目标设定的背景之下，人们很容易忘记教师角色的一个突出特点就是要与儿童建立起一种人际往来关系。刚刚迈进新千年门槛的我们同样也无法忽视：当代教与学的关系，和无文字记载社会中那种存在于长者和儿童之间的关系是多么相似。和遥远年代的祖先一样，教师的作用依然是为年轻人解释世界的奥秘，为他们提供必要的技能，帮助他们在社会中各司其职。

古代部落的长者惯常利用故事作为他们"开展教学"的一部分。正如前文所述，故事里蕴含着部落的集体智慧，就像印刷文字（以及照片、声音和影像记录）承载了后现代社会的智慧那样。因此，讲述故事的长者就是儿童和部落集体智慧的中间人，教师也一样。教师是中间人，最优秀的教师并不在于将教学目标一一达成，而在于讲述最令人难忘的故事。

这样的教师能够轻松地利用"素材及其特征"构成的故事讲述华丽的冒险，就像能够轻松地带领学生陪伴奥德修斯走过 20 年的征程。通过他们的口传心授，就连乘法知识也会变得妙趣横生，就像他们上午刚刚带学生领略过《杰克与魔豆》（Jack and the Beanstalk）的神奇世界那样。这样的教师当然有能力达成为他们设定的教学目标，但他们能取得的成就可不止于此。

🎟 故事的力量

无论是怎样的说教，故事都是最强大的工具。难怪大多数商业广告会编造故事来推销产品。设想围绕一款最新车型专门打造的童话世界，它让新车主拥有了从不曾奢望的满足感。这样的叙事或许老套，但确实管用！

诗人兼故事作家特德·休斯在他广为传播的文章《神话与教育》（Myth and Education）中对故事的力量颇为肯定。他在其中写道，一个孩子"……拥有一个故事，就仿佛拥有了一个可以被称为想象力的装置……当他全神贯注于故事世界的同时，就是发挥想象力和进行精神控制的开端，就是某种形式的沉思的开端"。[1]

休斯同时声称，一旦我们知道了这个故事并将其变成精神资源的一部分，则只需要特定的关键词就能将整个故事再次激活。关键词或许是故事题目、主人公姓名、某个地方或某件物品的名字。它们是开启其他存在和其他世界的钥匙。关键词本身还具有更加强大的力量，不仅能激活故事本身，还能激活伴随故事体验而产生的许多联想。或许，正是在这些联想中，故事的力量才最为强大。也正是在这里，作为中间人的教师所发挥的作用才最为持久。

当我们打开并进入故事里的异域世界时，这个故事可能唤起我们对生活方方面面的联想。通过这样的联想，这个世界将为每个人所独有。因此，这个异域世界对我们来说，可能在同一时刻既是共有的又是个人的。但如果要让孩子做到这一点，他们就必须拥有丰富的想象力。

▶ 联想与个人反应

德国哲学家汉斯-格奥尔格·伽达默尔（Hans-Georg Gadamer）在他的《论诗歌对寻求真理的贡献》（On the Contribution of Poetry to the Search for Truth）一文中，通过列举陀思妥耶夫斯基（Dostoevsky）的小说《卡拉马佐夫兄弟》（The Brothers Karamazov）中的人物斯麦尔佳科夫（Smerdjakov）摔下的某段楼梯，阐释了由联想产生的个人反应是如何发挥作用的。

导致斯麦尔佳科夫摔下来的楼梯在故事中具有重要的作用。每位读过这本书的人都会记得这个场景，并且都"知道"那段楼梯是什么样子的。我们每个人对楼梯的印象都不完全相同，但我们都相信自己看到的形象真实相近。如果要问什么才是陀思妥耶夫斯基"想要"呈现的楼梯，那就太荒谬了。通过这种方式，作者成功地激发了每位读者的想象力，让读者构建出一种形象，使他们相信自己确实看到那段楼梯向右转弯，往下又走了几级台阶，然后消失在下方的黑暗之中。如果另外一个人非说楼梯向左转，往下走六级之后就隐没在黑暗之中了，显然那也没错。陀思妥耶夫斯基并没有更详细地描述这个场景，才会刺激我们在想象中构建那段楼梯的形象。[2]

这不仅说明了陀思妥耶夫斯基文学叙事艺术的精妙之处，也说明了当读者全身心地投入虚构文学作品中时，他们会积极地展开联想。当产生这种联想时，读者的脑海中会留下某种痕迹，而这种痕迹往往会成为想象模式的永久性组成部分。

此类联想的作用方式很可能是这样的。比如作者描述了一片树林，可能是为了激发某种重要氛围，也可能是因为作品中某个重大事件就发生在此处。对于读者来说，他或者她并没有确切看到作者所看到的场景。作者的描述为读者发挥想象力提供了框架，或者说提供了一组方向。作者的那片树林，或多或少地，要么被读者亲眼所见并记住的某一片树林所取代，要么被读者看见过或者想象过的好几片树林的综合体所取代。于是，作者的树林吸引了多种迥然不同的印象并汇聚成一个全新的印象。小说让这种印象变得丰盈起来，呈现一组全新的感受与画面。

这种体验是强大的，令人受益终生。每个读者获得的新感受都不尽相同。除非所有人都看过大卫·里恩（David Lean）的电影，否则对于《远大前程》（*Great Expectations*）中皮普（Pip）遭遇马格威奇（Magwich）的那块墓地，没有任何两个读者能够想象出一模一样的场景。然而，所有想象力丰富的读者都会被狄更斯的场景描写、人物塑造和情节发展深深影响。所有读者的想象都大致相同，因此他们才会做出共同的反应，在皮普带着锉刀和"吃食"穿过沼泽时，表现出一种十分相似的迷醉和恐惧交织的感受。

🎞 培养丰富的想象力

我们不应该将丰富的想象力视作理所当然。无论何时老师说某个学生"毫无想象力"都是极其严重的错误，但确实有很多孩子并不一定能够将想象力与他们在书上见过的故事很好地进行联动。这很可能是因为他们获取故事的渠道偏向于那些更有吸引力的媒介——电影和电视。当然还有一个更可能的解释：这些孩子没有在正确的帮助下激发出充分的想象力。

小学生所需要的，不仅是花上至少 7 年的时间接受读写素养教育，即便这些课程的规划和记录再完美也是不够的。当一天结束时，他们需要的也不仅是睡前故事，无论这个时间会令他们感到多么愉悦。儿童并不是天生喜欢久坐不动的，尽管很多儿童确实享受蜷缩着看书的感觉。要成为善于反思者，首先要有值得反思的行动。为进入虚构文学作品的异域世界，成为终身阅读者，孩子们就需要行动起来。本章将介绍几类应当采取的行动，其中大部分已经在很多年前就纳入学校的教学内容了。但首先，让我来举个例子。

📽 《古舟子咏》赏析

一群五六年级的学生正在学习柯勒律治的叙事诗《古舟子咏》（The Rime of the Ancient Mariner）[3]。活动模式很简单。老师分章节为学生朗诵这首诗，一边解释诗歌大意，一边提出问题。接下来学生背诵部分段落，探讨其中的含义并阐述自己的感想。他们还会定期写作，通常是创作自由诗，有时则会引用诗中的只言片语作为创作主题。比如"海水，四周皆是海水"，或者"浮冰将之包围"。这样的开头能够让学生用自己的语言重构戏剧场面，展开生动的视觉描述，也令习作与习作之间呈现出巨大的差异。比如下面的这两篇作品：

作品 1

海水，四周皆是海水。

脖颈又僵又硬，

无暇闲谈

或者开怀大笑。

阴郁取而代之

寂静的光辉。

像石头一样干

幽灵船停滞不前。（大卫）

作品 2

海水，四周皆是海水

嘴唇干燥到发脆。

海水，四周皆是海水

木头热得像煤。

海水，四周皆是海水

血液沸腾如沙漠之沙。［李（节选）］

这两篇作品是学生根据同一堂课的体验写成的，却呈现出明显的差异。大卫的诗更侧重评价。场景"阴郁"，抹去所有人际交往的情景。没有对话（"闲谈"），也没有"开怀大笑"。李的作品则侧重对场景的检视，在柯勒律治写的内容之外，又用几个比喻句描写了能够体现炎热的证据。

学生们还会定期将这些场景画下来，通常会以半抽象的形式表现一些关键图像：浮冰中间的桅杆，配上黑色天空中的白色星星或鸟。更有明显效果的或许还要数孩子们定期参与的舞蹈和戏剧活动。这类活动的内容既有即兴创作，比如表现老水手"阻止"别人讲述他的故事，又有更加抽象的场面，比如表现船的行进（或静止不动）和各种幻象。有一次的舞蹈活动是探索"鬼泣"（spectre bark）的景象，之后本（Ben）写道：

> 它在阳光下闪闪发光。
> 但这是什么？披着斗篷的死神。
> 漆黑如灰烬，生与死
> 将我们的灵魂玩弄于股掌之间。
> 她猛然一扬船帆
> 就像船底汹涌的激流
> 却没有一丝海风吹过。
> 那船轻若无物
> 划过海面。
> 希望统统破灭
> 跌落无尽深渊。而我们的脸
> 因恐惧和惊吓变得扭曲。
> 她带着邪恶的微笑逐渐逼近。

在这篇习作中，本用自己的方式再现了柯勒律治笔下的场景，这是他在参加了舞蹈与戏剧表演后的感想，但是他没有描述他在活动中的具体行为。当写到希望破灭、脸部扭曲时，他描写的是伴随行为的感受，或者更准确地说，是当他回忆具体行为时产生的感受。因此，他的反应可以分为三个层次：

· 对老师的介绍的反应；

- 对舞蹈与戏剧演绎的反应；
- 对他参与上述两项活动感受的反应。

这些儿童习作的例子展现了源源不断的想象力，这是老师通过调动学生参与各种活动的成果。它们还表明，个体"读者"在重构柯勒律治叙事诗中的异域世界时，随着想象画面的改变，反应也会有所不同。

🏋 教师的课前准备

在任何一位小学老师面前提到计划，想必他都会立刻紧皱眉头。自全民教育推广至今，学校的官僚主义风气在过去 10 年左右尤为盛行。为应对英国教育监督机构 OFSTED（英国教育标准局）的检查，各校校长需要向注册督学提交成箱的文件，各种计划筹备会议经常持续到凌晨，这样的事屡见不鲜。每推出一项新的教育举措，都少不了与之相应的计划。这些计划通常格式优美，装订精良，内容简明。教师的档案或记录本，曾经是饱含热忱的工作日志，如今里面却充斥着各种表格和学习目标。

基于以上原因，我宁愿用"准备"一词代替计划。因为我所设想的场景与之略有不同。我设想有这样一位老师，她 [1] 的准备是用心的，是具有创造性的，她为学生准备的体验能够让他们的生活变得更好。我设想存在一套标准，但不仅仅是通过考试来衡量的标准。我设想应该有关于参与度的标准，衡量学

---

[1] 编者注：这样一位"用心的"老师，在作者的叙事里自然而然以"女性"的身份出现，透露出彼时英国小学教育的"常态"及某种社会期许。

生的投入度、兴趣和创造力在多大程度上被调动起来。

　　准备充分的老师在课堂上会欣然分享她想要分享的虚构文学作品。她会拒绝那些连她自己都不甚感兴趣的作品，而对于看似超出学生水平的作品，她也跃跃欲试。这样的雄心壮志既是对学生的尊重，也能够为推动他们的心智成长提供机会。准备充分的老师还会预判一部作品能够为全面培养读写能力和艺术素养提供哪些可能性。她在写计划时——她必须这么做——这些可能性将是不可或缺的内容。然而，最重要的是，她会练习如何将课文充分呈现给学生，以便给他们留下难忘的体验。她会尝试用自己的说话方式来表现角色。她不需要精通各地方言，而是需要适时地将或温柔、或具攻击性、或充满恐惧的感情融入声音中去。这通常需要教师对作品进行编辑，将故事讲述和文本阅读结合起来。

🎭 编辑工作

　　很多虚构文学作品，尤其是长篇小说和其他散文作品，最初都是为沉默的读者而写的，因为他们有时间品味海量的文字。然而当我们大声朗读时，某种程度上作品的类型就被改变了。这和安德鲁·戴维斯（Andrew Davies）把《傲慢与偏见》（*Pride and Prejudice*）改编成电视剧是一样的道理。托尔金（Tolkien）的《霍比特人》（*The Hobbit*）也是一个不错的例子。整本书阅读起来是一大享受，但如果——原封不动地——拿到课堂上大声朗读，效果就会大打折扣。

　　这样的作品需要编辑，只是在编辑时应该保留情节，避免删掉任何事件。在这里，讲故事就成为教师能够使用的一种重要手段。例如，《霍比特人》的第一章"不速之客"（An Unexpected Party）和第二章"烤羊腿"（Roast Mutton）应该做全文朗读，这样会为课堂展示提供极富戏剧性和趣味性的剧本。相对来说，第三章"短暂的休息"（A Short Rest）用全文展示效果却不会太好，其中的回忆和解释性内容太多了。所以，采用讲故事的方式呈现第三章的大意会更为成功。[4]

在编辑过程中很容易踩雷。这让我想起某些为高中女生阅读而专门改编的节选文本——这件事就发生在不久前——里面但凡和性沾一点点边的内容全都被删除。这种做法令很多作品黯然失色，比如莎士比亚、斯威夫特（Swift）等人的绝大多数作品，还有 19 世纪之前**甚至**之后的大量作品！在体面至上理念的统治之下，连童话故事也遭到清洗，尤其是其中的暴力内容。我反对如此编辑，主张应当纯粹出于表达的方便进行删减。

📽 介绍文本的两种方式：讲故事与文本阅读

让我们来看看，教师为了在讲故事和文本阅读之间取得平衡一般都会怎么做。在"关键阶段 1"（Key Stage 1）[1]，最有成效的努力方向是交替使用"讲述完整故事"和"阅读完整故事文本"这两种方式。面向该年龄段的多数虚构文学作品篇幅较短，大多采用绘本形式。最好让儿童能够均衡接触讲故事和文本阅读的机会，并且一次性呈现一个完整的故事，从而让儿

---

[1]　译者注：英制小学的一至二年级。

童的读写能力和编故事能力得到最大限度的发展。尤其是在学前班和一年级的时候。因此，可能的话，教师应该"一口气"讲完《小红帽》（Little Red Riding Hood），下次再把《野兽国》（*Where the Wild Things Are*）一次性讲完。到了二年级，当学生普遍渴望接触更有深度、篇幅更长的文本时，讲故事与文本阅读有必要偏重章节和片段。但即便在此时，大多数作品也几乎不需要任何编辑。

到了"关键阶段2"，教师会逐渐感到，在开展单一项目时，需要交替运用讲故事和读故事这两种形式。这种方法本质上相当灵活，教师可以根据个人风格、所呈现的作品难度以及班级学生的发展需求进行调整。讲故事的形式一方面适用于介绍长篇小说，以此作为缩短项目篇幅、关注文本重点内容的手段；另一方面对于非常难读但是对高年级学生来说极有价值的文本，它能发挥的作用更大。讲故事可以作为一种软性工具，既能帮助学生完成要求较高的项目，又能降低项目的实现难度。只要故事本身符合儿童的心理发展阶段，那么教师在利用讲故事这种方式来改善效果时，就无须在文本的选择上畏手畏脚。

🏆 优秀作品的遴选标准应当不断发展

例如，让我们看看莎士比亚的《李尔王》（*King Lear*）能够取得哪些可能的成果，这部作品的难度显然很大。我曾和一些五六年级的学生探讨这部伟大的悲剧。我的选择其实受到了布鲁诺·贝特尔海姆（Bruno Bettelheim）《童话的魅力》（*The Uses of Enchantment*）一书的影响。在探讨童话故事对成长中的儿童所具有的价值时，他这样写道：

> 一个故事要想吸引孩子的注意，就必须让他开心，激发他的好奇心。但若要丰富他的生活，就必须激发他的想象力；帮助他变得更聪颖，厘清思绪；要恰好回应他的焦虑与渴望；充分认识到他面临的难题，并且还能针对他的困扰给出解决办法。[5]

那么，这样一番言论与五六年级的学生读《李尔王》有什么关系呢？如果对故事情节做一番粗略的研究，我们就能发现一些可能性。一位父亲（李尔王）根据女儿爱他的程度将自己的国土分给了她们，但那爱只是虚情假意。他被其中两个女儿明目张胆的虚伪所欺骗，却惩罚了第三个也是最诚实可信的女儿。另一位父亲［格洛斯特伯爵（Gloucester）］同样轻易地被蒙骗，站在其中一个儿子一边共同反对另一个儿子。这些例子反映了困扰着所有有兄弟姐妹的孩子的问题：同胞竞争。它们与灰姑娘（Cinderella）、该隐（Cain）和亚伯（Abel）的故事惊人的类似。我们还能找出其他很多联系：一个小丑（弄人）不断试探主人的纪律底线；人们都在谈论疯狂，有些人真的疯了；邪恶和残忍被视为胜利；不公正的感觉令人窒息。

这部作品是世界文学的一座里程碑，在小学高年级学生理解力可以接受的范围之内。根据贝特尔海姆的标准，这部作品还能为儿童内心更深层次的困扰提供一个出口。它是这些困扰的模型，也是将之宣泄出来的平台。希腊语词汇"catharsis"用在这里十分贴切，它的意思是"释放被压抑的强烈情感"。"这不公平"的感觉或许正是这部戏剧的重要主题，也是童年时代最大的困扰之一。

🎭 《李尔王》：讲故事法和文本阅读法的运用

介绍莎士比亚的作品时，语言是一个很矛盾的问题。一方面，如果教师只是讲述故事，那么儿童根本没有接触到真正的莎士比亚。莎士比亚的故事并非由他原创，而是他从其他来源获得的。莎士比亚作品的重要价值体现在他的语言当中。和儿童一起阅读莎士比亚作品，就意味着要让他们感受莎士比亚作品的语言，这就是矛盾的另一面：他的语言太艰深了。

我们可以通过戏剧化的讲故事方式解决这个困境，其中包含大量对莎士比亚语言的摘录。我所说的"戏剧化"（dramatic），并不是指"从前有一位国王，他的名字叫李尔。他……"。这是一出戏剧，因此无论什么时候演出，时间都是现在，是当下。因而，故事的开头应该是这样的："场景是李尔王宫中大厅。李尔王马上就会来宣布一件重要的事。两位大人——肯特公爵（Kent）和格洛斯特伯爵——一边等待着，一边聊着天。"[6]这就是整部戏的开场，不是以李尔王开场而是以这几个角色，故事应该从这里讲起。为了让学生熟悉这些角色，应该准备一张显示人物关系的海报并做一些彩排。

到目前为止，作品内容都是通过讲故事的方式来展开的。但很快，莎士比亚的语言特色就凸显出来了。老师说："一个仆从手捧冠冕先走进来，接着是李尔王、康沃尔（Cornwall）、奥尔巴尼（Albany）、戈纳瑞（Goneril）、里甘（Regan）、科迪莉亚（Cordelia）及一干侍从。"李尔王对他们说："现在我要跟你们透露我私下的打算。"

这时老师可以说："请注意，孩子们，他用了'私下'这个词。这个词的意思是'秘密的'，但也可能是指'坏的'。"然后，老师可以继续引用台词：

> 把那边的地图呈上来。告诉你们我已将
>
> 国土一分为三；此乃我之决断，
>
> 从此卸下所有操心和公务，
>
> 都交由年富力强者，而我就能
>
> 一身轻松，死而无憾……

这一大段开场白——其中略有删减——可以由老师以角色的身份说出。然后说出李尔王的问题，引出几个女儿的回答：

> 说说看你们中间谁爱我最深？
>
> 谁值得我赐予最隆重的恩惠……[7]

老师可以这样说："戈纳瑞，最大的女儿，由她先说。她说她爱父亲'甚过爱自己的双眼，甚过爱这广阔天地，甚过爱自由'，还夸夸其谈地说了其他许多许多。可怜的科迪莉亚，最小的女儿，不知道她该说些什么。然后轮到二女儿里甘。她极尽夸张之能事，说戈纳瑞'说得远远不到位'，说除了随时陪伴父亲左右，世间再无其他乐趣可言。"

　　对于《李尔王》这种难度极高的作品，讲故事和读文本的组合应当包括 70% 左右的讲故事和 30% 左右的文本阅读，要根据教师对学生接受能力、可用时间长短的判断做出调整。然而，遵循"幕"和"场"的结构是最基本的要求，因为这是此类虚构文学作品的一个重要特征。

🅇 诵读还是自主阅读

默读和大声朗读之间的关系至关重要。这种关系可以追溯至儿童听大人给自己读书的早期体验。在一些阶段——且越早越好——必须让学生看着书页上的文字，同时听其他人用声音将这些文字"表演"出来。这就是"默"读的养成，尽管实际上并非真的沉默，而是在听另一个声音。于是我们内心便会逐渐形成一种声音。当我们默读时，其实就是在倾听那个来自内心的声音。如果一个孩子很少一边听人读一边用眼睛跟随书页上的文字，那么他内心的声音就会无法开启。

随着时间的推移，内心的声音将替换为孩子自己的声音。或许孩子真正学会阅读就是在这一刻。这一时刻不是当孩子可以"对着印在纸上的字一顿乱叫"，努力向老师证明些什么，而是当孩子能够在默默阅读时听见自己的声音。如果孩子有丰富的机会大声朗读，或者用表演的术语来说就是"诵读"，则会极大地促进这种能力的发展。他们需要经常性地独自一人或者与他人一起排练，然后通过表演的形式，朗诵一段台词。如果学校能够从非常早的时候开始培养这样的习惯，那么就会有数以百计的真实案例不断强化孩子对内心声音的无声倾听。

"NLS 教学框架"（NLS Framework）[1] 也对此表示了一定程度的认可。"学期目标"中反复提及要将"大声朗读"作为巩固学习，特别是达到语句层面学习目标的一种手段。比如在二年级第一学期的目标中就写道："3. 通过大声朗读，认识并关注逗号与感叹号的使用，能够正确表达。"[8] 如果定期让学

---

[1] 译者注：一套与"全国读写素养策略"同步的教学框架。

生通过彩排和表演的方式朗诵课文，那么这样的目标实现起来就会很轻松。因为逗号和感叹号就像乐谱上的音符，提示我们应该如何读句子。这就是主动阅读，发出自己的声音，有时则是和其他人一起出声，通过说台词、读句子的不同方式努力将意思表达出来。这是一种重要的学习手段，可为掌握读写技能开辟出一条快速提高的路径。

⟪ 复述故事

在本书第二章，我强调了视觉对于记忆故事情节的重要性。正是休·勒普顿关于"说书人表演团"的演讲，让我第一次意识到除了通过背诵记住故事内容，视觉化和故事记忆之间也存在关联。休曾在讲座中说过："试着看图片，文字会自然而然地印在脑中。"[9]

过去的说书人是从其他说书人那里听到各种故事的，他们都是造诣极高的视觉记忆大师。然而，如今讲故事的人同时也是读者，他们讲的许多故事是从书里看到的。这一过程并不复杂，只是最开始的时候必须假以时日，具体如下：

1. 把故事读一两遍，然后放在一边。

2. 对着自己大声复述故事中发生的事件，在脑海中记下那些尚不够清晰的部分。

3. 再读一遍故事，尤其是记忆模糊的部分。

4. 再次大声复述一遍主要事件。

5. 现在尝试想象每个场景或画面中的一切细节，包括角色可能穿什么样的衣服，房子或城堡应该是什么样子的。

6. 试着想象整个故事，就像播放无声电影那样。

7. 一旦你可以将一系列场景顺利实现视觉化，就可以将这个故事讲给别人听，同时也要注意听自己讲的效果。

8. 一遍又一遍地讲。把故事讲三四遍之后，它就变成了你的故事。

在课堂上更容易完成上述整个程序，原因很简单：学生之间可以合作，互相讲述和倾听。

对于课堂上涉及的所有虚构文学作品来说，讲故事和诵读一样，都是重要的活动内容。讲故事可以充分调动孩子的记忆力，培养他们对故事架构的敏锐感知，并让叙述更加流畅。无论是阅读整篇作品，还是在讲演中加入讲故事和文本朗读的环节，只要能通过把故事讲给其他人听这种方式初步确立故事内容，那么孩子对故事的理解和对知识的把握都会更加全面。整个过程应该是这样的：

1. 老师进行演示，可以朗读全文，也可以完整地讲述故事，抑或两种方法相结合。

2. 学生两人一组，或若干人一组，加深对故事的印象，他们可以轮流讲述一部分故事，同时本着合作的精神，互相指出对方讲故事的过程中出现的问题。

3. 两人一组，或若干人一组，互相测试对于故事内容的记忆是否准确。

如果能培养学生这样的学习习惯，会大大提高他们记忆各类故事的能力，让他们有望在更早的年龄阶段理解复杂的故事情节，并从虚构文学作品的各个方面展开更加深入的学习，包括：人物塑造、地点设置的重要意义、比喻的运用、故事情节的交错，以及这种交错如何塑造角色又是如何被角色的行为所影响的。遵循这样的讲故事流程，是从文本层面培养阅读理解、最终提高写作水平的关键。

小组讨论

为达到"教学框架"中列明的学习目标，有组织的讨论非常有必要。根据一小时读写素养课的相关要求，学校应该拿出其中的 20 分钟开展小组活动并完成某个目标，例如"探讨知名作家的永恒魅力"[10]，并且要让所有学生充分地参与进来。过去，课堂讨论的模式类似于一种开放式论坛，老师是主持人，愿意参与的孩子才会加入讨论。然而，这样的机会只能给到少数表达能力强、有意愿且自信的孩子。无论老师对这种论坛的掌控力有多强，通常情况下大多数学生仍会保持沉默。

小组讨论（conferencing）则是一种更为理想的模式。这个概念是在 20 世纪 80 年代随着"国家口才培养项目"（National Oracy Project）工作的推进而发展起来的。[11] 它的优点是以小组讨论为基础，议题更加紧凑，能够让尽可能多的人参与到讨论中。如果能经常性地开展此类活动，那么所有学生都能从中受益。学生可以快速理解自己该如何参与，并了解自己应当在某个阶段（甚至是全部阶段）发言。小组讨论从二年级开始就可以开展，大致方法如下：

·把班级分成若干小组，各组成员之间能够相互配合、一起讨论。

·每组选出一名记录员，负责记录本组的想法和感受，并在全体会议上进行汇报。记录员应轮流担任，让每个人都有机会负责这项工作。

·学生分段轮流大声朗读，互相帮助。

·学生根据老师划定的重点在文中找出相应内容。这些内容通常涉及"文本层面的任务"，特别是阅读理解任务。

·各组讨论期间，记录员负责记录要点。随后所有小组召开全体会，由记录员在会上陈述本组观点。

·老师进行总结，并补充自己的想法。

经常采用小组讨论的方式探索虚构文学作品的意义，有助于培养学生的自信心，增强学生总结和表达意见的能力。与值得信赖的伙伴一同进行分组学习，还能帮助那些性格安静、不善表达的孩子减轻压力，培养他们的反思和分析技巧，这些都是成为虚构文学作品的读者甚至是作者所必不可少的能力。

创作自己的故事

人们常说，从来没有人真正创作出一部完全原创的作品，因为故事情节相对有限，所有故事都是这些情节的变体。从某种程度上来说，我们很难否定这种说法。因此，故事创作这门艺术似乎完全取决于情节如何发展，角色与角色之间如何相互作用，以及角色与周围环境之间如何相互影响。如果我们接受这种说法，那么小学阶段创作故事的任务就会变得简单而直接。这就意味着，儿童听到和读到的故事对于他们成为故事创作者具有极其宝贵的价值。

正如我们在本书第二章中所读到的，古时候的说书人并不是自己创作故事，而是从别处继承故事。他们的独创性主要体现在故事的讲述方式上。说书人的艺术，毫不夸张地说，是讲述的艺术。许多剧作家、故事作者和小说家也早就对改写驾轻就熟。莎士比亚就是一个明显的例子。大多数作家都会改写故事，有些源自现实生活，有些则源自其他方面。

因此，当我们在小学课堂上让学生复述或重写他们听过或读过的故事时，完全不用感到畏手畏脚。我们反而应该多鼓励孩子使用自己的语言，给故事增添内容，做些修饰，引入题外话，补充个人意见，以及改变措辞。正是通过这些改写手段，才能让每个孩子充分发挥个人风格。不过，绝大部分孩子不愿意一直停留在别人的故事里。为了全方位地成为一名作者，他们还需要组织自己的故事情节，创造自己的故事角色，搭建故事中的地点，并遵循一定的主题。简而言之，面对各种各样的编织素材，他们需要一种掌控感，以便将素材组成一个很棒的故事。无论是讲故事，还是写故事，他们都需要拥有这种掌控感。因此，我们应当提供一系列的机会，让所有孩子都能成为讲故事和写故事的人。理想情况下，这些机会应该包括将他们读过和听过的内容复述并重写下来，还有孩子将自己创作的内容讲出来、写出来。

🎭 舞蹈与戏剧

我们大体可以这样认为：将一篇虚构文学作品高声朗读或诵读出来，它就成为一出戏剧。尽管是朴素且未经彩排的，但它依然属于表演。如果我们在朗读对于某个角色、地点或物品的描述时将表现力带入声音中，那么从某种意义上说，我们就是在为这场表演提供服装、化妆、布景和道具。如果我们还能对不同角色的声音进行区分，那么就是进入了角色。我们在讲故事时会更加明显地表现出这些富有戏剧性的元素。这是因为我们不用拿着书，从而更容易与观众进行眼神交流，丰富我们的手势，还可以像角色一样到处走动。不过这对儿童的影响会更大，只要我们能够将他们的活动进一步推向角色扮演和即兴创作的阶段。例如《霍比特人》中的比尔博（Bilbo）在"不速之客"这一章所表现出的恐慌，如果能让学生假装自己就是比尔博，他（她）就会更加深刻地体会和记住这种感觉。[12]

舞蹈与戏剧为我们提供了一系列重新演绎虚构文学作品的方式，从利用角色实际说过的话语真实再现故事场景，到通过更为抽象的方式探索某个主题，不一而足。戏剧活动是连续的，每个组成元素对于激活故事及其意义都具有价值。

说出角色的话

在所有涉及虚构文学作品赏析的活动中，无论是讲故事还是文本阅读，都应该让儿童以有别于叙事的方式来说出或者读出角色的话。不断强调其中的区别，能够让学生不断增进对人物塑造的理解，强调直接说话和报告发言的区别，并让他们更容易理解剧本的运作方式。

真人模特演绎（还原生动场面）与模仿

在描述角色时，无论是以个人形式还是以群体的形式，都可以让学生通过将描述内容加以重组来帮助理解。这些内容包括一个场景中一组角色的面部表情、姿势以及相互关系。比较自然的推进方式是让静止的画面改变位置，做成一出默剧（mime）。为了充分达到默剧效果，所有参与者要共同确定一套手势语言。例如，要表现某个角色惧怕另一个角色时，可以让学生将身体位置放低，上臂举在面前不停挥动，同时做出相应的表情。

舞蹈剧

舞蹈剧和默剧不一样，前者在动作上更自由，通常具有更多的象征意义；身体姿态也更为舒展和流畅，并不一定要形成统一的手势语言。

角色扮演，利用即兴对话和手势

实际上这就要求你在过程中即兴说一些话、做一些动作。角色扮演将讲故事的范围扩展到身体动作，个体要成为角色本身，不再只是讲出角色说过的话。

角色扮演，利用自创的书面语言或者从文本中摘录的对话

这是对即兴表演的进一步完善，将书面文本纳入其中。书面文本可以是学生自创的，也可以是从书面故事中摘录的。有时候这种形式对低年级的孩子来说不太容易，特别是在排演阶段。

有剧本的戏剧

使用包含书面对话的片段，最后会自然而然地发展成使用完整的剧本。开始这项重要活动的最佳方式就是为角色的声音或者广播剧制作剧本。学生需要了解创作这类剧本的常规做法，方法如下：

· 决定要使用的文本。对于小说来说，选用一章是比较合适的。确定都有哪些角色以及角色各自说了哪些话。如果说话内容篇幅过长，则需进行删减。创造一个或多个"旁白"（Narrator）角色。使用多个旁白时，则要称其为"第一旁白""第二旁白"，以此类推。

· 写剧本的时候，要将角色的名字写在左边，后面紧跟着角色说的话，像这样：

丹尼　爸爸，你去哪儿了？

爸爸　你一定累坏了。

丹尼　我一点儿也不累。我们能不能点一会儿灯？

旁白　爸爸点燃一根火柴靠近灯芯。

爸爸 *要不要来杯热饮？*

· 孩子们需要知道，像"丹尼说"这样的短语不需要写下来。

· 对声音效果或角色动作的说明，要用括号里的斜体字来表示。[13]

舞蹈和戏剧表演是极具价值的媒介。通过它们，孩子将故事具体化，令故事生动形象。而将这些新知识具体化，还能让孩子更加轻松和长久地记住故事内容。

📑 绘画与音乐

利用这两种艺术形式，不仅可以阐明虚构文学作品的意义，还能激发个体反应。绘画与音乐，以独特的方式探索和颂扬故事中的异域世界，一个从视觉上，另一个则从听觉上。与戏剧和舞蹈一样，绘画与音乐也是历史上所有文化演绎伟大故事的常用方式。在演绎黑麋鹿的幻象时，人们在圆锥形帐篷和马匹的身上绘制各种标志和符号，也会学习和表演新的歌谣。

故事一直以来都是艺术家和音乐家的灵感之源。绘画领域的先例最早可以追溯到远古时期的洞穴艺术家，他们通过绘制在洞穴壁上的狩猎场面讲述故事。大量艺术家在大部分艺术运动中也在追寻这一足迹。音乐领域的情况与之类似。人们根据神话故事为舞蹈创作乐曲并演唱歌曲，这些传统至今仍然不可动摇，在芭蕾舞和歌剧中表现得尤为明显。

利用绘画手段

人物肖像

可以利用各种媒介来制作，包括创作三维肖像。如果孩子们能够以文本中的描述作为制作肖像的基础，可以增进对材料的理解，并突出肖像的重点。孩子们要试着在制作的肖像中体现出角色的身体特征和态度。肖像的背景还能为完善角色个性提供更多发挥空间。

风景与环境

同样可以利用各种媒介，从视觉和触觉两方面体现虚构文学作品中对地点和环境的描述。文本依然可以提供线索和灵感。

抽象与半抽象作品

引导儿童重视对语言中比喻手法的运用，一种很有价值的方式就是让他们在素描、彩绘、雕刻以及其他艺术作品中理解隐喻和明喻，或者理解其他类型的视觉形象。在对任何作品展开更深层次的探索时，这都是一种富有成效的方法。

利用艺术家的作品

如果可以带着学生领略特定艺术家的作品，能够增强他们的绘画作品表现力。例如在学习奥斯卡·王尔德（Oscar Wilde）的《自私的巨人》（The Selfish Giant）[14] 时，如果大致了解和花园有关的绘画作品，特别是印象派的花园作品，学生在创作以巨人的花园为主题的绘画时将大大受益。

运用音乐

音效

以音乐形式对虚构文学作品做出回应，最简单的方式就是用声音表现事件。例如，当一个角色抵达一所房子门前时，响起敲门声。这种做法还可以进一步拓展，在表现声音的戏剧中尤其具有价值。

主题曲调

普罗科菲耶夫（Prokofiev）的《彼得与狼》（*Peter and the Wolf*）就是用简单的曲调来表现角色的生动实例。每当一个角色出场时，相应的曲调就会响起。于是观众渐渐地就会将这两者联系起来。谱写这样的曲调很容易。例如，一个巨人可以用一声简单而响亮的敲击声来代表，一位仙女可以用一声精致而高亢的乐声来表示。

交响诗

声音的效果并不仅限于其字面意思，不只是"敲门声代表有人到访"这么简单。为把握故事中某个场景的情绪，孩子们可以挑战自我，尝试进行音乐主题或音乐模式的创作。通常情况下，要想成功完成这样的任务，需要精心搭配一系列乐器。

创作乐曲

任何一组节奏清晰的单词都可以配合音乐，最后形成一首歌曲。基本过程很简单：孩子一边诵读单词，一边和着伴奏鼓掌；用排钟、钟琴或者木琴打拍子；等确定好音调，就可以尝试将歌词唱出来；彩排，然后用某种方式录下来。

利用作曲家的作品

在开展上述介绍的各类活动时，情绪和氛围的营造不一定要使用孩子们自己创作的音效或交响诗，也可以通过播放音乐唱片来实现。选择音乐的过程，对于孩子理解文本、增强音乐感知力都是十分宝贵的体验。

绘画与音乐能够让故事得到升华，让一些关键元素浮出水面。它们为巩固读写素养提供了另辟蹊径但非常实用的方法。当孩子们以绘画或音乐手段作为对故事的回应时，印象一定会更加深刻，因为这样的学习方式会从视觉和听觉两方面对他们的想象力施加影响。绘画与音乐还有助于让故事体验更加愉悦，让孩子更愿意亲近书籍。

🎭 如何将创作完成的作品呈现给观众

我们逐步认识世界的一个重要途径就是在脑海中创作故事。戈登·威尔斯（Gordon Wells）在他的书《意义制造者》（*The Meaning Makers*）中将这种行为称为"故事化"（storying），并说这是"创造意义的最基本手段之一，而且正因为如此，它也是全面渗透到学习各个方面的一项活动"。[15] 但是，内心生成故事的行为通常需要向外表达。儿童对于分享故事早已形成了高度成熟的听众意识。大多数孩子从很小的时候就渴望参与交流各种传闻逸事。出于个人和社会的多方面原因，儿童需要给一群具有同理心的听众讲故事。威尔斯认为，儿童讲故事时是在表达自己对各种概念和事件的理解。根据威尔斯的说法，观众的作用是提供"一种文化诠释，诠释那些人类经验中最根本并且长期以来一直为人类所关心的问题"。[16] 这是一种融入文化并获得其重视的手段。孩子们在讲述自己的逸事和故事时，会很自然地利用从他人那里听到的素材，同时遵循让故事意义成立的结构。

如果威尔斯是对的，那么在学校里，将呈现学生创作的作品和虚构文学作品联系起来就显得尤为重要。如果说日常的故事交流是重要的文化活动，那么更加正式的场合就理应受到格外重视。所以，时长一小时的读写课只在最后留出 10 分钟的集体时间是完全不够的，还应该在学习完一单元的虚构文学作品之后，再加一次更正式、内容更丰富的活动作为补充。它更像是一次庆功会，用来讲述和阅读故事，展示绘画作品，表演戏剧和舞蹈，甚至其中一些还用孩子自编的音乐做伴奏。在这类活动中，还可以将孩子自己写的故事结集成册，分发给感兴趣的人。在学校赋予听众这个概念以突出的地位，正是听众意识的培养方式。这种方式将读写能力提升了一个等级，从不得不达成的目标变成了让生活更加丰富的体验。

参考文献

1. Hughes, T.（1976）'Myth and Education', in Fox, G. et al.（eds.）*Writers, Critics and Children*, 81. London: William Heinemann.

2. Gadamer, H-G.（1986）*The Relevance of the Beautiful*,

111. Cambridge: Cambridge University Press.

3. Coleridge, S. T. (1963) 'The Rime of the Ancient Mariner', in *Poems*. London: Dent Dutton.

4. Tolkien, J. R. R. (1937) *The Hobbit*. London: George Allen and Unwin.

5. Bettelheim, B. (1976) *The Uses of Enchantment*, 5. London: Thames and Hudson.

6. Shakespeare, W. (1964) *King Lear*, Act 1, Scene 1. London: Methuen Publishers.

7. *King Lear*, Act 1, Scene 2.

8. Stannard, J. (1998) *National Literacy Strategy Framework for Teaching*. 26. London: Department for Education and Employment.

9. Lupton, H. (1988) Workshop in Clwyd.

10. Stannard, J. (1998) 26.

11. See Norman, K. (ed.) (1992) *Thinking Voices*. London: Hodder & Stoughton.

12. Tolkien (1937) .

13. Dahl, R. (1975) *Danny the Champion of the World*. London: Jonathan Cape Publications.

14. Wilde, O. (1962) 'The Selfish Giant', in *The Happy Prince and Other Stories*. Harmondsworth: Puffin Books.

15. Wells, G. (1986) *The Meaning Makers*, 194. London: Hodder & Stoughton.

16. Wells (1986) 195.

第四章

口传故事的学习方法
Exploring oral traditions

📖 口传传统

　　口传文化（oral culture）可以被定义为"没有文字记载的文化"。人们有时候认为口传文化曾逐渐被有文字记载的文化，也就是"文字文化"（literary culture）所取代。显然，书籍确实取代了口传故事，成为获取信息、信仰、歌曲和故事的主要来源，以及进行教育的主要手段。但就像古迪（Goody）所说："书写无法取代口头交流；它只是另一种交流的渠道，只是在某些情况下代替了口头的交流，但同时也在培育新的交流形式。"[1]

　　字母和印刷术的出现确实改变了口头交流在文化发展中所扮演的角色。古迪还说：

　　文字社会的口头交流与无文字社会的口头交流是不一样的。对于后者，口传传统必须背负文化传播的全部重担。然而在文字社会中，口传传统只是隶属于知识活动这个总体的一部分，是标准化的口语形式。[2]

　　近期，重回大家视线的说书活动俨然已成为一种颇为流行的娱乐方式。这表明，与其说在当代文化中口传故事被其他形式取而代之，不如说它其实遭到了忽视。随着对口传故事的重新发现，人们也意识到其中存在的教育价值。口传文化中的说书人，用古迪的话说就是那些"背负文化传播的全部重担"的人，不仅记忆力超群，而且思维敏捷，只有这样他们才能根据听众灵活地改编故事内容。这些能力对于当今社会所具有的价值和以往比起来不相上下。事实上，现代经济更依赖服务业而非制造业，正需要这种思维敏捷、擅长记忆、反应迅速、适应能力强的人。最重要的是需要能言善辩的人，从最广泛的意义上讲好各种故事。因此，我们才会觉得不可思议：那些口传文化中的基础能力重新变得重要起来。

现在，各种源自口传文化的故事主要通过书籍传递给我们。但是，绝大多数故事仍然带有口头语言的结构，为推动口传故事的发展提供了理想的模式。也就是说，利用这些源自口传文化的故事，我们能够为孩子提供理想的素材，培养他们的听说技能，特别是讲故事的技巧。源自口传文化的故事讲起来具有直截了当的特点，因为它们更接近于真实的言语。有些根本就是从言语转录过来的。例如，当格林兄弟（the brothers Grimm）在德语地区旅行时，他们的"目标是保存那些仍然流传于德国各省的以古老形式讲述的'**märchen**'[1]"。他们说：

> 说到我们的采集方式，我们最关心准确性和真实性。我们没有自行添加任何东西，也没有对任何事件或故事情节进行修饰，我们只是把采集到的内容原样呈现出来。[3]

如果童话和民间故事、神话和传说确实为讲故事和锻炼口才提供了理想的"训练场地"，说明我们应当尽量选择贴近言语转录的作品。有很多转换版本确实能够实现这一目标，但也有许多18世纪和19世纪的版本被刻意灌输的道德伦理所污染。杰克·齐普斯（Jack Zipes）称实际上许多作者是在操纵故事，以迎合他们所处时代的"大事小情"。谈及"写给儿童

---

[1] 译者注：德语"童话"的意思。

的文学童话"，他写道："……开始逐渐自成一派，［它］更像是一种被制度化的语篇，操纵是其中必不可少的部分。"[4]就语言结构和风格而言，神话故事也存在类似的问题。了解希腊神话的最佳来源是荷马的韵诗译本，而不是写给儿童看的白话文译本。这就是为什么1987年我们在克卢伊德郡开展的"奥德赛项目"（The Odyssey Project）采用了罗伯特 · 菲茨杰拉德（Robert Fitzgerald）的译本。[5]

然而，做选择本身就是一种妥协。对于经由口传传统留存下来的故事，其书面版本绝不可能和真实的口传故事一模一样。这是我在本章稍后介绍的为一小时读写素养课准备复述故事时不得不做出的妥协。我在写故事时会将自己想象成一个说书人，并在这个过程中尽量倾听来自我脑海里的声音。但我清楚地意识到，这只是对真实情况的一种模拟。不过从某种意义上说，这样做并无大碍，因为用笔写下来的口传故事只要后续被不断重述，它就只是暂时处于某种固定状态。讲故事的人读完书上的故事后就会着手对其修改。这是口传故事具有的自由奔放的特征之一。正如普罗普（Propp）所说："如果说文学作品的读者是没有实权的审查员和缺乏权威的评论家，那么任何听民间传说的人就是潜在的未来表演者，他们在有意无意间反客为主，将改变注入作品。"[6]

这进一步体现出小学生应当继承口传传统、积极参与讲故事活动的教育价值。这是一项可以实现赋能的活动，不仅将小学生与自身及其他文化的根源紧密联系起来，还让他们有机会根据自身情况重新塑造那些故事素材。

🎞 童话与民间故事

如果儿童积极参与倾听和讲述童话与民间传统故事，那么根据贝特尔海姆的说法，这将给他们的心理和情感成长带来极大的好处。贝特尔海姆认为，这种类型的故事尤其有助于处理与成长相关的各种问题，也有助于自我价值和责任感的形成。他说，任何一个孩子"都需要了解意识中的自我究竟出了哪些问题，只有这样才能应对潜意识里的状况"。但是，做到这一点"……并非依靠从理性上去理解无意识的本质和内容，而是要通过尽量延续白日梦来熟悉——反复思量、重新组合，幻想合适的故事元素，以应对无意识的压力"。[7]

在贝特尔海姆看来，童话故事在这方面的地位得天独厚：

……因为它们为儿童发挥想象力提供了新的维度，这是儿童单凭自身绝无可能发现的。更重要的是，童话故事的形式和结构给孩子编织白日梦准备好了各种形象。凭借这些形象，儿童的人生也有了更明确的方向。[8]

尽管一些作者，比如齐普斯可能会争辩说，童话与民间故事"并不是世界上解决儿童问题的最佳疗法"[9]，但贝特尔海姆确实为故事在这方面的用途找到了一个令人信服的佐证。他的观点得到了事实的证明。作为一名儿童心理学家，贝特尔海姆将童话故事作为心理治疗的手段之一，帮助许多孩子克服了心理障碍。他之所以选择采用童话故事，是因为童话"……将一切去繁就简。对童话人物的刻画异常清晰；除非极其重要，否则无关细节全部砍掉。所有角色都具有代表性，而不是独一无二"[10]。

这样做能够让儿童将主要的恐惧和情感对号入座。例如，对父母一方死亡的恐惧在邪恶的继母形象中得到了体现，这是童话故事里常见的角色。同样，年幼孩子的那种无力感也投射在无望的小儿子——有时是小女儿身上，这也是所有文化中普遍存在的角色。在每一个故事中，绝望的孩子最终都被证明是最出色的孩子，为了赢得胜利他们都克服了最不可能克服的困难。

童话和民间故事在呈现角色时往往爱憎分明。对好人的塑造直观明了，不留任何模棱两可之处。这样一来，儿童便可以在想象中迅速带入角色。正如贝特尔海姆所说："不是因为他的善良，而是因为主人公的处境具有深刻而积极的吸引力……"[11] 通过将角色、主题和场景以如此简单的方式呈现出来，儿童的恐惧、焦虑、希望和愿望统统有了化身。于是，他们就可以在自己的想象中安全地宣泄这些情感。除此之外，如果儿童还能以故事讲述者的身份感受童话和民间故事这种体裁，那么他们就能获得对这些素材的掌控能力，令这种体裁的价值进一步提高。

☀ 神话与传说

贝特尔海姆认为，童话比神话更适合讲给孩子们听。这主要是因为前者展现了一种乐观的人生观。齐普斯也赞成这种看法。好的角色在战胜了可怕的逆境后"从此过上了幸福的生活"。善良战胜邪恶，即便一切看起来了无希望，也总能依靠魔法翻盘！而另外，神话往往以悲剧收场，而且充满不公。众神将凡人玩弄于股掌之间。仅仅因为一次虚荣或挑衅的举动，不仅会令作恶者万劫不复，还会令他或她的整个家庭或家族就此毁灭。正如贝特尔海姆所说：

> 神话是悲观的，而童话是乐观的，不管后者包含多么可怕的故事元素。正是这种决定性的差异使童话故事不同于其他故事，尽管其他故事里同样会发生神奇的事……[12]

童话和神话之间还有一个根本性区别，贝特尔海姆认为这个区别提供了充分的理由，足以让我们放心地将童话故事作为与儿童互动的依靠。这个区别就是：无论故事里发生的事情有多么不可思议，我们总能感觉到许多英雄或许就是你、就是我。用贝特尔海姆的话来说，神话故事里的所有事件和英雄的行为都是"绝无仅有的"，"在其他任何背景下都不可能发生"。神话事件"令人心生敬畏，不可能发生在普通人身上"。而且，他指出"童话里即便最令人惊叹的遭遇也与日常生活密切相关"。[13]

其实贝特尔海姆的这个观点在很大程度上存在谬误。儿童需要同时接触这两类口传形式的故事。贝特尔海姆搞错了英雄的概念。例如在希腊神话中，英雄既不是凡人也不是神，而是两者结合的后代。这种情况经常发生，比如宙斯乔装下凡，引诱美丽的凡人女子。例如，珀尔修斯（Perseus）生来一副凡人之躯，但却拥有超自然的力量。关于他的整个故事始终给人一种感觉，就是总有一位神祇在宙斯的授意下保护着他。童话里的英雄是凡人，因为拥有美德而得到仙女的帮助。因此才会有最小的儿子在旅途中没有拒绝或粗鲁地对待老人，而是对其施以援手并得到了奖励。

现在的儿童是能够认同这两类英雄的，只是认同方式不一样。神话中的英雄对孩子来说是仰望的对象，是银河中的一颗星星，可以在远处欣赏。而童话和民间故事中的英雄则是他或她自己，再加上一些额外想象。神话英雄是儿童不可触及的，而童话英雄却可能是孩子幻想中的自己。两者对儿童来说都不可或缺，特别是在他们逐渐长大之后。这一点具有极其重要的意义。鲜有老师会给 4 岁的孩子讲奥德修斯，但再过五六年，他的事迹将令孩子惊叹不已。

贝特尔海姆和齐普斯都夸大了悲剧对儿童的影响。这种态度未免自视甚高，是在暗示儿童没有能力体验何谓"**catharsis**"（将强烈、饱受压抑的情感释放出来）——这是悲剧文学的目的，也没有能力对"若非上帝眷顾，倒霉之人便是我"的感受产生共情。其实儿童，特别是年龄大一些的儿童完全有能力理解悲剧。当他们对英雄的认同是一种保持距离的钦佩之情时，悲剧会随着那种距离逐渐展开。他们会非常自然地接受这是此类故事中的英雄必然面对的命运。然而如果在童话故事里，比如灰姑娘或杰克遭遇了悲惨的结局，他们可能就会感到沮丧。

传说在历史和神话之间占据了一个十分有趣的位置。传说总会给人一种感觉，其中很大部分内容可能是历史上真实发生过的，但也有许多虚构成分。传说会让人觉得它就发生在某个特定的时间和地点。在罗宾汉（Robin Hood）出没于舍伍德森林（Sherwood Forest）的那段时间，狮心王理查（Richard the Lionheart）率领着军队征战，而他邪恶的弟弟约翰正在统治英国。这就是一个典型的传说。传说与历史的关系总是令人着迷。没有什么能比得上亚瑟王（King Arthur）和卡梅洛特（Camelot）

的传说，它至今仍然激励着考古人员不断挖掘能够证明其存在的证据。

传说中的英雄都是凡人。他们的壮举通常不是受到了超自然力量的指引，而是受自身美德所驱使。在这方面，亚瑟王的功绩不太一样，因为拥有魔法的是梅林（Merlin），后来则不幸被摩根勒菲（Morgan la Fay）所掌握。从某种意义上说，创造传说的人通常就是我们自己，这也为儿童创造故事提供了巨大的机会。谁是当地的英雄人物？关于这个人有哪些故事？这些故事是如何发展的？后来又怎么样了？在这些问题的引导之下，或许可以在课堂上创作出生动的传奇故事。

🎬 读写策略课程示例

接下来，我将复述几个童话和民间故事。它们来自不同文化，包括：非洲、中国、东欧、斯堪的纳维亚、伊朗、亚美尼亚和俄罗斯。学生通过参与我所建议的读写训练及其他活动，在聆听、复述和完成其他任务的过程中，或许会意识到无论故事有着怎样的文化背景，都可能发生同样的困境，英雄们也会以同样的勇气和智慧勇敢面对。

我所建议的这些活动可以作为故事欣赏会和一小时读写素养课的行动计划。每一组说明都紧扣"教学框架"中的任务陈述范围和相应的"学期目标"，包括单词级别、句子级别和文本级别的目标。其中也包括艺术活动，它们在本书所提倡的方法中占有十分重要的位置。应遵照下列方式为学生介绍每个故事：

·为故事制作一张较大篇幅的海报。

·给学生读故事，或者讲故事，适时邀请他们加入，可以重复几遍故事内容。

·通过提问的方式概述故事要点，确保学生记住故事内容。

·两人一组或多人一组复述故事，听故事的人可以纠正错误。

·每次开始新章节之前简要回顾一下前面的故事内容。

·向孩子们介绍这个故事来自哪个国家或大洲，以及关于它的其他一些情况。

围绕每个故事完成任务，并在最后安排下列形式的集体活动或分享活动：

·经常复习单词任务内容，定期诵读，注意发音。

·让学生练习用自己的话复述故事内容，朗读节选内容，并注意标点符号的使用。

·排演戏剧和舞蹈，可以邀请别的班级的同学观看，也可以演奏乐器。

·在教室或走廊墙壁上展示学生的艺术作品。

·将学生习作结集成册并展出。

学前班：第三学期。《猴子为什么住在树上？》（Why Do Monkeys Live in Trees?）[1]

文章

很久很久以前，有一只不太聪明的豹子。故事是这样发生的。

豹子去找吃的，却没能抓到任何可以当晚餐的东西。一点儿东西都没抓到。豹子累了。豹子饿了。但最糟糕的是，豹子浑身痒得不行。豹子的皮毛上爬满了跳蚤，让人又痒又到处乱跳的跳蚤。豹子痒得快疯掉。

豹子转着圈地跑，想要捉住跳蚤。他一只跳蚤也没捉到。一只都没有。豹子累了。豹子饿了。但最糟糕的是，豹子浑身痒得不行。

就在这时，豹子看见猴子飞快地经过。"猴子，"他喊道，"请把我身上的跳蚤揪掉。拜托啦！"现在豹子和猴子是好朋友，于是猴子帮豹子把身上的跳蚤一只接一只地揪掉。

你们知道有人帮着揪跳蚤有多舒服吗？豹子很享受。他很快就睡着了。但你们一定也知道，猴子最喜欢恶作剧。所以，等豹子一睡着，猴子就把他的尾巴绑到了树上。是的，一棵树上！

可怜的豹子！他醒了却站不起身。他的尾巴被绑在了树上。是的，一棵树上！豹子拉啊。豹子拽啊。豹子摇晃着他的屁股。他无法把尾巴解开。就在这时，豹子看见蜗牛慢慢地爬过。"蜗

---

[1] 编者注：本中译本旨在引介国外经典叙事文学作品读写课堂教学案例，为国内小学教师提供课堂教学方法和灵感，故未录入原书所涉及英文作品原文。在教学案例中，涉及理解与探究词句意义时，英文单词或句子加中文括注；涉及构词法等无须理解英文词句意义的练习时，则未加中文括注。

牛，"他喊道，"请解开我的尾巴。拜托啦蜗牛！"豹子和蜗牛是朋友，所以蜗牛解开了豹子的尾巴。

"谢谢你。"豹子说着就跑回家了。但他想报复猴子。所以豹子告诉他的朋友大猩猩，三天后他会死在自己的家门口。

大猩猩告诉小鸟儿们，三天后豹子会死在自己的家门口。

他们告诉其他小动物，三天后豹子会死在自己的家门口。

三天过去了。

豹子走出去，躺在自己的家门口死了。

大猩猩来了，看到豹子躺在地上死了。

小鸟们来了，看到豹子躺在地上死了。

小动物们来了，看到豹子躺在地上死了。

蜗牛来了，看到豹子躺在地上死了。

猴子来了，看到豹子躺在地上死了。

突然，豹子纵身一跃想抓住猴子。当然，他没抓住，因为豹子不太聪明。

猴子蹿上一棵树。这就是猴子住在树上的原因。他们害怕被豹子抓住。

词汇与句子

· 制作一张字母表，要包含字母的大小写形式。

· 找一张关于丛林动物的图片，把它贴在字母"Aa"旁边，再在一旁写上单词"Animals"。用同样的方法为 Panther（豹子）、Fleas（跳蚤）、Monkey（猴子）、Snail（蜗牛）、Gorilla（大猩猩）和 birds（小鸟）这几个单词找到动物图片，并贴在字母表上。

· 每天通读字母表，每次都让学生唱诵这些动物的名称。让学生在其他字母的空白处补充更多动物的名称。

· 事先准备好一些动物的名称，以防学生想不出来。

· 如果剩下字母 X 还没有找到对应的动物图片，可以将 Xiphias（剑鱼）加到表中。

· 在学生唱诵这些动物名称和首字母时，要不断纠正他们的发音。

· 选一些简单句子，用大写字母写在纸条上并贴在墙上。比较好的例子包括："Panther was tired."（豹子累了。），"Panther was hungry."（豹子饿了。），以及 "Panther liked it."（豹子很享受。）。

· 让学生用这些句子描述当时发生了什么，或者后来又发生了什么。

· 指出 "Panther" 的首字母 "P" 要大写，并说明此处为什么要大写。

· 将 "Three days went by."（三天过去了。）这句话写出来并提问：三天以前发生了什么事，三天以后又发生了什么事。指出 "Three" 这个词的首字母 "T" 要大写，并说明此处为什么要大写。

阅读与写作

让学生：

· 在字母表上分别画出小动物，并把动物名称写在旁边。

· 画出故事中的场景，说一说这张画能告诉我们什么，教师把描述文字记录下来并让学生抄写。

· 用字母表里的动物名称做游戏，玩"单词猜一猜"的游戏。

· 用自己的话将故事复述给小组成员听，其他人一起来听复述得对不对。

舞蹈与戏剧

· 学生在学校礼堂表演整个故事。

· 让学生制作下列动物:

1. 家里最喜欢的宠物。

2. 野生动物,如大象或长颈鹿。

3. 故事里出现的动物:豹子、猴子、蜗牛和大猩猩。

· 利用故事里的描述性词语对表演动作进行完善(例如"累了的"豹子、"痒得不行的"豹子、尾巴被绑在了树上的豹子,以及豹子"躺在地上死了")。

· 两人一组,重现豹子与猴子、豹子与蜗牛、豹子与大猩猩相遇的情景。

· 传递消息的游戏,消息内容:"三天后豹子会死在自己的家门口。"

· 选一名学生扮演豹子,其他人看他"死在自己的家门口"。另一名学生扮演猴子。重现豹子试图抓住猴子的情景。

绘画

· 给学生展示各种非洲动物的图片。

· 让他们选择自己最喜欢的图片,确保有豹子、猴子、蜗牛和大猩猩的图片。

· 遮上图片,让学生以丛林为背景画自己喜欢的动物。

一年级：第一学期。《怒瓜玛》(The Nung Gwama)

文章

古时候，中国有一个贫穷的寡妇，她没有孩子，年迈的父母住在镇上。有一天，她为他们做了一些饼，想走到镇上给他们送去。当她经过一道竹篱时，怪物怒瓜玛跳了出来，吼道：

嗅，嗅！我闻到了点心的味道。
我要啃烂你的腿。我要嚼碎你的背。

怒瓜玛十分恐怖。他的身体像一头浑身是泥的公牛。他的头大得就像厨房里的水槽。他露出脏兮兮的尖牙。他摇晃着锋利的爪子。他的脚扑通扑通踩着地。他闻起来有股卷心菜的味道。他吼道：

嗅，嗅！我闻到了点心的味道。
我要啃烂你的腿。我要嚼碎你的背。

他对那可怜的寡妇说："把饼给我。"她双膝跪地哭了起来，"我不能给你。这是给我父亲母亲的。"
怒瓜玛说："留着你的饼吧。今晚我会去你家，大声怒吼。"

嗅，嗅！我闻到了点心的味道。
我要啃烂你的腿。我要嚼碎你的背。

"然后我就用我尖尖的爪子把你撕成碎片，我会用脏兮兮的牙齿把你嚼个稀烂。"可怜的寡妇吓得浑身僵硬，不住地哀号：

哇！哇！我该怎么办？
怒瓜玛要来了！我该怎么办？

怒瓜玛走了，留下一股卷心菜的味道。可怜的寡妇瘫倒在路边。

一个农夫正在往田里撒牛粪。他停下手里的活儿向她走来。"出什么事了？"他问道。可怜的寡妇哀号道：

哇！哇！我该怎么办？
怒瓜玛要来了！我该怎么办？

农夫给了她一些牛粪并说道："把这些涂在你家大门上。怒瓜玛可能会被吓跑。"她谢过农夫，但还是不住地哀号。

又来了一个卖蛇的人。他停下手里的活儿向她走来。他问："出什么事了？"她又哀号道：

哇！哇！我该怎么办？
怒瓜玛要来了！我该怎么办？

卖蛇人看到了那袋牛粪。他曾听农夫说这是为了涂在她的大门上，好把怒瓜玛吓跑。他给了她两条蛇并说道："把它们放进你的水坛。怒瓜玛一定想洗掉手上的牛粪，蛇就会咬他。"她谢过卖蛇人，但还是不住地哀号。

又来了一个卖会咬人的鱼的人。他停下手里的活儿向她走来。他问："出什么事了？"她又哀号道：

哇！哇！我该怎么办？
怒瓜玛要来了！我该怎么办？

卖鱼人看到了袋子里的两条蛇。他曾听卖蛇人说它们可以咬怒瓜玛的手。他给了她两条会咬人的鱼并说道："把这些鱼放进你的锅里。怒瓜玛被蛇咬了之后一定想用温水泡泡手。鱼就会咬他。"她谢过卖鱼人，但还是不住地哀号。

又来了一个卖鸡蛋的人。他停下手里的活儿向她走来。他问："出什么事了？"她又哀号道：

哇！哇！我该怎么办？
怒瓜玛要来了！我该怎么办？

卖蛋人看到桶里的两条鱼。他曾听卖鱼人说它们可以咬怒瓜玛的手。他给了她几个鸡蛋并说道："把这些鸡蛋放进柴灰里。怒瓜玛被鱼咬了手一定会流血。他会用柴灰止血。鸡蛋会炸他一脸。"她谢过卖蛋人，但还是不住地哀号。

又来了一个推着一车大石头的人。他停下手里的活儿向她走来。他问："出什么事了？"她又哀号道：

哇！哇！我该怎么办？
怒瓜玛要来了！我该怎么办？

推着一车大石头的人看了看可怜的寡妇得到的东西。他给了她一块大石头并说道:"把这块大石头拴上绳子挂在你家房梁上。怒瓜玛来找你的时候,你割断绳子,石头就会打到他的头。然后你就用这根铁棒把他干掉。"她谢过他,借了一辆手推车,把所有礼物都带回了家。

回到家里,可怜的寡妇把牛粪涂在大门上,把蛇放进水坛,把咬人的鱼放进锅里,把鸡蛋放进柴灰,把大石头挂在房梁上。然后她上了床,等着怒瓜玛来。

夜色降临,怒瓜玛也来了。他怒吼道:

嗅,嗅!我闻到了点心的味道。
我要啃烂你的腿。我要嚼碎你的背。

怒瓜玛一拳砸倒了大门,吼道:"呃!太恶心了!太臭了!我得去弄点儿水。"

他把手伸进水坛,吼道:"噢!蛇!我得去弄点儿温水。"他把手伸进锅里,吼道:"噢!咬人的鱼!我得去找些柴灰。"

他把手伸进柴灰,吼道:"噢!那是什么?我看不见啦!"

他跌跌撞撞来到大石头的下面。可怜的寡妇割断绳子,石头掉了下来。这一次,怒瓜玛吼道:"啊!啊!"他的头被压扁了。可怜的寡妇抓过铁棒。她喊道:"拿去,你这个讨厌的混蛋!这个也拿去!这个也拿去!"

这就是怒瓜玛的结局。村民纷纷感谢那个可怜的寡妇。她把饼带给她的父母,他们一起庆祝了一番。

词汇与句子

· 列出 **-ing** 形式的单词: shouting（吼）, crying（哭）, leaving（留下）。问问孩子们谁在"吼"（怒瓜玛）, 谁在"哭"（可怜的寡妇）, 怒瓜玛"留下"什么（一股卷心菜的味道）。把答案写在单词旁边, 从而建立 **-ing** 形式的单词和故事大意之间的关联。

· 学生还能找到更多这种单词吗? 它们都是什么意思? 将它们添加进 **-ing** 形式单词的列表。

· 重复这样的方式, 找出以 **-ff** 结尾的单词（sniff, stiff, off）, 以 **-ll** 结尾的单词（bull, still, will）, 以及以 **-ck** 结尾的单词（snack, back）。

· 列出 **sh-**、**ch-** 的单词: she, shows, shouted; China, children, chew。

· 找出包含大写字母的单词, 并找出句号。将这些地方用高光笔标出来。

阅读

· 学生分组轮流讲述这个故事, 其他人检查讲述是否准确。

· 指出学生口述版本和书面版本之间的不同。例如他们可能会忽略一些细节, 如"她双膝跪地哭了起来", 他们更可能这样讲述: "她哭了"。

· 各组分别负责一段内容, 找出其中"专门的故事性语言"（老师可以帮忙）, 例如"他对那可怜的寡妇说"。让学生把这些句子抄写下来。

· 让学生说一说, 在本小组负责的这部分内容里, 故事人物从"外貌""行为""态度"等方面来看是怎样的人。

· 引导学生注意那些用来表示故事开头、发展和结尾的短语，例如："古时候"，"又来了一个卖……的人"。

· 学生模仿怒瓜玛的吼叫声和那可怜寡妇的哀号声。

写作

· 每名学生画一幅画，简单表现那可怜寡妇遇到故事中某个角色的情景。

· 尽量保证每个角色的画数量差不多，这样比较方便洗牌和排序。

· 每名学生挑选一个角色，画一幅画并配上文字说明，介绍这个角色的外貌、行为和态度。

· 学生分组编故事："怒瓜玛还做过什么让大家都害怕他的事？"

舞蹈与戏剧

· 学生模仿角色的动作。

· 提出问题，比如"卖鸡蛋的人要如何拿着他的鸡蛋？""农夫要如何运牛粪？"，诸如此类。

· 两人一组，表演可怜的寡妇遇到怒瓜玛的情景，表现怒吼的时候要用文章里的原话，其他情景要用自己的话。

· 如果上面的活动比较成功，可以将班级分成更大的几组，每组都用自己的话重新演绎整个故事，但怒吼的两句要用原话。

音乐

· 利用拍手和打击乐，渲染怒瓜玛突然跳出来拦住那可怜寡妇的情景。

· 进一步拓展，用更有节奏的拍手和打击乐配合怒瓜玛的吼叫声。如果成功了，再继续为那可怜寡妇的呼喊声配上有节奏的拍手和打击乐。

二年级：第二学期。《消失的男孩》（The Boy Who Disappeared）

文章

从前有一位领主，他和夫人住在波希米亚（Bohemia）一处美丽山谷中的城堡里。在他的儿子出生前的那晚，领主做了一个梦，梦见这个孩子在 10 岁生日之前双脚绝不能沾到地面，否则就会有厄运降临。

等孩子出生之后，领主命人制作了各种各样的婴儿车和童车，好让他不用下地走路。无论他到哪里，总会有一名女仆跟随。因此，他从来没有自己一个人待着的时候。这太无聊了。他的脚从来没有碰过地面，直到他 10 岁生日的前一天。那天，一队演员一边吹着小号，一边欢呼着走过庭院。一个新来的女仆赶紧跑到窗前。就在她向外张望的同时，才想起了那个男孩，但为时已晚，男孩不见了。

领主派人把城堡搜了个底朝天。但没有男孩的踪影。搜索小队被派往领主统领下的每一寸土地，直至最高的山峰和最深的洞穴。仍然没有男孩的踪影。领主和夫人都快急疯了。

过了一段时间，传闻说城堡的一个大房间里发生了奇怪的事情。午夜时分，人们能听到沿着走廊传来的脚步声，然后是呻吟声和叹息声。领主想知道这是怎么回事，但他有什么办法呢？没有人想在半夜进入那个大房间。太恐怖了。于是领主悬赏 300 枚金币给任何愿意在那里过夜的人。

许多人尝试过，但都失败了。脚步声和呻吟声是那么怪异，走进房间的人很快就都逃走了。最后，这个消息传到了一个老寡妇那里，她和两个女儿住在森林里。她们穷得就快揭不开锅了。在闹鬼的房间待上几个小时对她们来说又算什么？老寡妇来到城堡，提出愿意在大房间里过夜。但她要了很多东西。她要求准备锅子和盘子、碗碟和刀叉、做饭的食材、生火的木柴，以及一张铺着柔软被单和毯子的舒适大床。

她要的东西都送到了。于是她生起一堆火，在火上架起一个锅，开始做砂锅炖菜。她在桌子上铺好干净的亚麻桌布，摆上刀叉和勺子。午夜钟声敲响，她坐下来吃饭。有人拖着沉重的脚步走进房间，一个声音开始呻吟。老寡妇四处张望，看到那个脸色苍白的男孩。他走到她跟前说："你在给谁做晚饭？"

老寡妇回答说："我在给自己做饭。"男孩垂下了脸，叹了口气。他说："这张桌子是为谁摆的？"老寡妇回答说："当然是为我摆的。"男孩垂下了脸，呻吟起来。他说："这张床是给谁铺的？"老寡妇回答说："是给我准备的。"泪水涌上男孩的双眼。他转过身，呻吟着离开了房间。老寡妇睡了一觉之后去见领主，把发生的事情——转达，拿着 300 枚金币回家去了。

对于住在森林里贫穷的一家人来说，这简直太好了，好得令人不敢相信。于是过了几个星期，大女儿又来到城堡，提出想在大房间里过夜。一切都和之前一样。大女儿要求准备所有东西，生了火，做了饭，摆了桌，铺了床。午夜时分，男孩脚步蹒跚，呻吟着走了进来，问了同样的问题，得到了同样的答案。第二天早上，她拿了钱便走了。

这下子，这个贫穷的家庭变得富裕起来。家里还有一个女儿。没过不久，家人叫她去一趟城堡。一切似乎都和之前一样。午夜来临。炉栅里的火在燃烧，锅里的食物正在翻腾，餐桌已经摆上，床也铺好了。男孩蹒跚地走了进来，并没有期待太多。小女儿是个温柔善良的姑娘。男孩对小女儿说："你在给谁做晚饭？"她回答说："我在给自己做饭，但我们两个吃也足够。"男孩的神情快活了一些。他问："这张桌子是为谁摆的？"温柔的小女儿回答说："确实是为我自己摆的，但如果你能加入就再好不过了。"男孩笑了！他问出第三个问题："这张床是给谁铺的？"善良的小女儿回答说："是给我准备的，但它足够两个人躺。"男孩又笑了，他说："请等一下，我必须跟一些朋友告别。"

地板上裂开一个大大的洞，春天的气息从洞里涌出来。男孩下了洞穴，女孩跟在他后面，他们缓缓降落在一个美丽的国家。男孩穿过一片草地，走进一座用金子做成的森林。他一走进森林，所有的鸟儿都围绕在他身边飞来飞去，唱着告别的歌曲。"再见，我那会唱歌的小朋友们。"女孩惊呆了。她折下一根小小的金树枝留作纪念。

男孩离开金色森林，又穿过一片草地，走进一片用银子做成的森林。他一走进森林，所有的动物都用鼻子蹭着他，与他道别。"再见，我那温柔的朋友们。"女孩被眼前的景象惊呆了。她折下一片银树叶留作纪念。

很快，他们就赶回城堡的大房间，坐下来吃晚饭。他们一连谈了几个小时，直到男孩开始打哈欠。他收拾了盘子，躺在床上很快进入了梦乡。女孩往火上添了几根木柴，上了床，也很快进入了梦乡。

第二天早上，时间已经很晚了，领主和夫人十分担心。女孩还没来向他们禀告任何消息。于是他们走到大房间，敲了敲门。没人应门。领主打开门，看到了一幅奇妙的景象——他亲爱的儿子睡得正香，女孩则睡在他的身边。那天，当大家坐下来一起吃午饭时，是多么高兴啊！更妙的是，消失的男孩和好心救了他的女孩相爱了。他们在几年后结了婚，从此过上了幸福的生活。

词汇与句子

· 制作音素 **or** 和 **er** 的图表，在表中列出故事里分别包含这两个音素的单词，如：orders, lord, boring, for, story; further, casserole, over, older。让学生在书上列出更多单词。

· 分组搜索包含 **wh**（两个字母发一个音）的单词。

· 讲解复合词，即两个单词组合而成的词，并从故事中找例子，例如：mid/night, foot/steps, no/body, them/selves, keep/sake。让学生列出更多单词。

· 讲解反义词，用故事里的单词举例并制作图表：top–bottom（顶—底），highest–deepest（最高—最深），poor–rich（贫穷—富有），older–younger（大的—小的）。让学生列出更多单词。

· 分组背诵文章节选，要配合表情，并体现出感情，注意标点符号。

· 背诵全文，注意表达要尽量到位。

· 讨论在大声朗读课文时，应当如何体现下列标点符号的作用：句号、逗号、大写字母[1]、感叹号、问号和冒号。

---

[1] 编者注：在英文中句子首字母大写用于标示一句话的开始。

阅读

· 让学生猜一猜生词的意思，例如 lord（领主）、troupe（一队）、search（搜索）、parties（小队）、crockery（碗碟）、keepsake（纪念），然后查字典。

· 分组说一说故事梗概。

· 让学生猜一猜故事的结局会是怎样的：

1. 男孩消失后；

2. 第一个女儿造访城堡后；

3. 男孩去地下世界之前。

· 让学生对比城堡里的环境和地下世界的环境。

· 分组对比四个女性角色——女仆、老寡妇、大女儿、小女儿，包括画一画她们、做笔记、找一找关于她们的形容词。

写作

· 让学生构想一个完全不同的"异域世界"，某个消失的角色进入了这个世界。然后搭建完整的故事架构，内容应当包括：

1. 开头：主人公是怎么进入那个世界的。

2. 中间：描述那个世界的环境和主人公的冒险。

3. 结尾：主人公是如何回到正常世界的。

· 让学生为故事角色增加更多细节，比如为领主和男孩增加更多细节。

舞蹈与戏剧

· 尝试体会双脚不能沾地的情形，一旦沾地又会发生什么。

· 学生两人一组进行即兴创作：

1. 女仆—男孩：男孩的脚接触到地面 / 消失 / 女仆的反应。

2. 老寡妇—男孩，大女儿—男孩：男孩的失望，其他角色收到金币后的喜悦心情。

3. 小女儿—男孩：他们愈发亲密的关系。

· 各组完成任务，借助动作、默剧和对话等形式创作一个剧本。

绘画

· 绘画：结合上面介绍的各种活动描绘角色。

· 画出另一个世界的样子，以及学生自己想象中的另一个世界。

音乐

· 学生通过制造各种音效来表现：

1. 男孩消失以及人们展开搜索的情景。

2. 夜晚发生的事情。

3. 另一个世界，鸟儿歌唱，动物交谈，金树发出的声音，银树发出的声音，下到洞内和上到洞外的旅行。

· 学生将这些按顺序排列。

三年级：第二学期。《蓝山》(The Blue Mountain)

文章

很多很多年以前，有一位善良的国王和他善良的王后，他们住在一座漂亮的宫殿里，宫殿建在高山顶上，山的旁边有一条河。他们很幸福，只是没有孩子。他们多么渴望拥有一个孩子啊!

一天，一个四处乞讨的女人来到王宫，她告诉国王和王后，他们会有三个女儿，但是女儿们在全都年满 15 岁之前，绝对不能走出王宫的大门。如果她们这样做，就会被一场暴风雪带走。

乞讨的女人吃了东西，拿了钱，然后便继续上路了。事情正如她所预言的那样。那一年结束之前，王后生了一个女儿。第二年，她又生了一个女儿。又过了一年，她生了第三个女儿。想象一下他们该有多么幸福啊，拥有三个漂亮的女儿！

国王和王后听从了女乞丐的警告。他们年复一年地把公主们关在屋内。然而，就在最小的女儿 15 岁生日的前一天，女孩们请求守卫让她们到外面的花园里去。愚蠢的守卫照她们说的做了。顷刻之间，一场暴风雪将公主们全部带走了。

国王说，谁能找到她们，就赠给谁半个王国，还能娶一位公主为妻。所有的年轻贵族纷纷一试身手，但都以失败告终。接下来，有一天，来自军队的一名上尉和一名中尉提出想要试一试。另外，还来了一名年轻且贫穷的二等兵。他跪着请求国王让他也试试，国王便让他去了。于是他就跟在那两人的后面。

那天晚上，三名军人来到一座漂亮的豪宅前。屋里空空如也，于是他们便走了进去。食品储藏室里几乎没有留下任何食物，所以他们决定第二天去打猎。中尉留下来收拾厨房，上尉和士兵去打猎。过了不久，一个挂着拐杖的老头走到厨房向中尉讨要一便士。当中尉把一便士递给他时，钱币掉在了地上。中尉弯下腰想把钱捡起来，老头却突然变得很凶，还用拐杖抽打他。

第二天，同样的事情又发生在上尉身上，尽管中尉已经警告过他。第三天，轮到可怜的二等兵留下来。这一次，当老头讨要一便士时，二等兵一把抓住他的胡子，还把胡子塞进了一根圆木的裂缝里。然后他威胁老头说，如果不说出三位公主在哪里，他就要砍掉老头的脑袋。老头吓坏了，他知道自己碰到对手了，于是便说："往东走到一个山丘，从那儿的一块方形草皮向下挖。掀起草皮下面的石板，钻进深深的地洞，穿过火和水，你就能进入另一个世界。"

第二天，三名军人向东走去。当他们到达那座山丘时，上尉第一个钻进洞，但火太热，他不得不返回地面。中尉紧随其后，但水又深又冷，所以他也不得不返回地面。然而，那个可怜的二等兵却成功穿过火和水，来到另一个世界，找到了一座城堡。他穿过许多房间，终于见到了正在用铜线织布的大公主。她叫他赶紧离开，因为三头巨怪很快就会回来。二等兵拒绝离开并躲了起来。巨怪回来了，他和公主用金子做的棋子下跳棋。公主抚摸巨怪的三个脑袋，于是他便睡着了。二等兵跳起来，用巨怪的剑砍掉了他的三个脑袋。

接下来，二等兵又去找二公主。二公主正在用银线织布。她叫他赶紧离开，因为那个巨怪长着六个脑袋！他拒绝了，一切照旧。巨怪走了进来，和公主下金跳棋，公主抚摸他的六个脑袋，于是他便睡着了，二等兵把他所有的脑袋都砍了下来。

接下来二等兵去见最小的公主，她正在用金线织布。一切又和之前一样，包括下金跳棋。这一次，巨怪长着九个脑袋，公主抚摸它们，于是巨怪便睡着了，二等兵用巨怪的一把巨大的剑将他所有的脑袋都砍了下来。

公主们欣喜万分，尤其是最小的公主！她把自己的戒指系在二等兵的头发上，大家一起跑向地洞的尽头。三位公主攀着绳子，穿过水和火，往最上面爬。然而，当她们安全到达地面之后，上尉割断了绳子，这样二等兵就无法和他们一起回去了。

当众人回到国王身边时，两人假装救出了公主们。他们得到了半个王国和两位公主，但公主们不敢说出真相，因为上尉威胁要杀了她们。最小的公主拒绝嫁给他们中间任何一人。

二等兵四处徘徊寻找出路，然后他发现了一个锡做的哨子。他吹响哨子，一群小鸟立刻将他围住。其中一只说："我们的主人今天想要什么？"二等兵问他们怎样才能返回地面。鸟儿说只有老鹰知道。于是他又吹响哨子，一只巨大的鹰出现了。她提出可以带着二等兵飞到地面上，条件是在长途旅行期间他能杀死十二头牛，并把肉塞进她的嘴里。二等兵照做了，只是他发现很难把肉块塞进鹰的嘴里，因为她飞得实在太快了。当他们到达王宫时，鹰说："当你再次需要我的时候，请吹响哨子，我就会来帮你。"

此刻，公主们正都郁郁寡欢。国王非常担心，问她们有什么烦心事。她们不敢告诉他。老大假装说，这是因为想念那些在蓝山中让她们开心的金跳棋。于是国王就派人去找金匠再做一副。二等兵听说了国王的命令，便伪装成金匠，主动提出愿意接受这项工作。那天晚上，他吹响了哨子，老鹰拿来了一副真正的金跳棋。

第二天，二等兵把跳棋呈到国王面前，还展示了小公主系在自己头发上的戒指。最小的公主立刻认出了他，把上尉和中尉所做的事告诉了国王。这两个残忍的骗子因背信弃义遭到处决。不久之后，二等兵娶了最小的公主，成了拥有半个王国的王子。他们从此过上了幸福的生活，还生了许多孩子。

词汇与句子

· 制作下列几个音素的图表: **ear, oo, ou, ai, ow, au, oor,**

ore, ea 和 **u**。并将故事中相关的单词列在图表上：**ear**—years, near, year；**oo**—good, took；**ou**—mountains, cloud；**ai**—mountains；**ow**—how，however；**au**—daughters；**oor**—doors, indoors；**ore**—before；**ea**—beautiful；**u**—beautiful。

· 学生分组在故事中找到上述单词并把它们写在书上。

· 找到包含三个或三个以上音节的单词并制作图表。学生在故事中找到相关单词，并把它们写在书上，例如：beginning, lieutenant, terrified。

· 根据上下文，让学生思考下列"生"词的定义：lieutenant（中尉），mound（山丘），turf（草皮），checkers（棋子），yarn（纱线），oxen（牛），goldsmith（金匠），request（命令），disguise（伪装）。查字典并将这些词添加到单词列表中。

· 比较 princess（公主）这个单词的复数形式 princesses, 和 soldier（士兵）的复数形式 soldiers。让学生求证：以 **-s** 结尾的单数单词在变成复数时是否都要加 -es。

· 明确逗号是一种标点符号，是单词之间表示停顿时间最短的符号 [1]，而句号表示的停顿时间最长。学生分组练习朗诵段落，要表现出停顿长度的不同。展开讨论。

阅读

· 提醒学生注意下列故事性语言："很多很多年以前"，"一天"，"然后她便继续上路了"，"碰到对手了"，"一切照旧"，以及"从此过上了幸福的生活"。将这些句子记在一张表上，作为故事里经常使用的语言示例。让学生说一说可以用什么替

---

[1] 编者注：英文中没有顿号，逗号是表示停顿时间最短的标点符号。中文里顿号表示的停顿时间最短。

代这些说法。

· 分组寻找和讨论这些故事里早已为人所熟知的各种主题，例如：地位最低下的角色——贫穷的二等兵——成为英雄，或三者兼顾。

· 分组将好角色和坏角色分别找出来，并根据角色的行为给出这样划分的原因。

写作

· 分组挑选一些关键性事件，列下来并贴在故事板上。

· 让学生给一位朋友写信，在信中分别描述一个好角色和一个坏角色。

· 让学生自创故事，描述三个角色一同出发去寻找某样丢失的重要物品，要遵循"三人行"这个主题，还要包含与帮助他们的角色相遇的情节。

· 尝试体会一片云或一场暴风雪把人带到另一个地方的情形。学生可以跳出故事，例如被带往另一个星球。

· 两人一组即兴表演：

1. 公主—守卫：她请求放她出去，他同意了，看到发生了什么，担心自己的工作。

2. 上尉或中尉—老头：老头要钱，硬币掉了，他用拐杖打上尉或中尉。

3. 二等兵—其中一位公主：二等兵走进来，公主叫他赶紧离开，他躲起来，然后她模仿抚摸巨怪的头，二等兵砍掉那些脑袋，他们逃跑。

· 各组根据一段故事情节创作一部剧，可以借助动作、默剧和对话等形式，并用到文章里的一些词句。

绘画

· 让学生画出下列某个角色：公主、上尉、中尉、国王、王后、拄着拐杖的老头、巨怪或老鹰。尽量确保每个角色都有至少一幅画像。

· 让学生选出最喜欢的故事场景，给这个场景画一幅插图。

音乐

· 分组完成任务：

1. 制造声音效果，表现公主在暴风雪中消失不见。

2. 制造声音效果，表现角色在地下行走并进入城堡的旅程。

3. 为锡哨发出的声音谱写一段曲子。

· 将这些合在一起，组成一部以《蓝山》这个故事为主题的音乐作品。

四年级：第三学期。《神鸟》（The Wonderbird）

文章

在古代的波斯（Persia），国王玛努切赫尔（King Menuchir）统治时代有一位伟大的战士叫萨姆（Zahon），他很富有，受人尊敬，但却没有孩子。多年以来，他不停祈求神灵赐给他一个孩子，最终他如愿以偿得到了一个儿子。然而他的幸福却被一个事实击碎了，因为这个男孩的头发像雪一样白。其他贵族都同情萨姆，因为他们认为男孩来自恶魔之地（Demons），会带来厄运。

萨姆给孩子取名为扎尔（Zal），但扎尔的发色令他非常痛苦。于是萨姆把扎尔带到遥远的荒山中，并把他留在了那里。然而众神却派遣半鸟半兽、充满智慧的神鸟斯摩奇（Simurgh）来到小男孩身边。它用爪子把扎尔抱到悬崖上的巢里。当它这样做的时候，一个声音响起："永远不要伤害你抱着的这个孩子，神鸟，因为他将来必成大器。他的儿子将成为东方之光，波斯之星，盖世无双的勇士。"

　　斯摩奇无微不至地照顾这个孩子，甚至教他说话，直到扎尔渐渐长大，到了可以自己在山中玩耍的年龄。有时，从山下经过的人会看到他。于是，关于无所不能的斯摩奇抚养了一个人类孩子的故事就此传开。

　　这期间，扎尔的父亲，老萨姆却独自一人。他为自己抛弃儿子内疚不已，以至于头发都变白了。一天晚上，他做了一个印象深刻的梦，便找来几位术士替他解梦。他们告诉他，这个梦说明他的儿子还活着，就在山里。萨姆打发仆人到他丢弃儿子的地方去找，却什么也没找到。

　　萨姆又做了一个梦，梦见一个满头白发的年轻战士骑在马背上率领一支军队。在他的右手边站着一位圣人，圣人说："这位伟大的领袖就是你狠心抛弃的儿子，众神却没有抛弃他。他的名字将被世人传颂。"

　　这一次，萨姆亲自去了山里。他跪在一块岩石上，祈求神灵原谅他，把他的儿子带回来。斯摩奇听到后对扎尔说，是时候回到他父亲身边了。扎尔爬上神鸟的翅膀，被带到他父亲祈祷的地方。斯摩奇对萨姆说："这是你狠心留在这里让他等死的儿子。照顾好他。"

　　神鸟离开时，扎尔哭了。他不想失去如此悉心照顾他的神鸟。斯摩奇祝福他说："永远不要忘记你童年的家和照顾过你的人。从我胸前拔一根羽毛吧！如果你遭遇危险，就烧掉它，我就会来帮助你。"然后神鸟飞回了它的巢，萨姆把扎尔带回了家。他给他穿上王子的衣服，并把他带到宫中引荐给了玛努切赫尔国王。

国王玛努切赫尔非常喜爱扎尔，将金头盔和权杖赠予了他。国王的智者预言扎尔将成为最伟大的战士。国王送给他马匹作为礼物，并派萨姆去管理波斯的三个地区。扎尔的成长势不可当。他的力量和战斗技巧无人能及，就好像斯摩奇赋予了他超出常人的力量。扎尔还是一位聪颖卓绝的学生，波斯的智者是他的老师。

在父亲外出时，扎尔就代替他统治其中一个地区，并访问了城市喀布尔（Kabul）。在那里，他遇见了梅赫拉布（Mihrab）——被波斯人所恨恶的佐哈克人（Zohak）的国王。梅赫拉布有个女儿叫鲁达贝（Rudabeh），她的皮肤像象牙一样白，头发像渡鸦的羽毛一样黑，脸颊像石榴一样红，任谁见到她都再也无法忘记。扎尔渴望见到她，怎奈宫殿戒备森严，而且他知道玛努切赫尔一定不喜欢他与佐哈克人交好。于是他只能待在营地里。

然而，梅赫拉布却对扎尔很有好感。他把这名勇敢英俊的地方官的事情告诉了妻子和女儿，鲁达贝还未见过扎尔便已经倾心于他。仆人试图说服她忘记他，但无济于事。鲁达贝一心想要嫁给扎尔，于是仆人们便想办法帮助她。他们在扎尔的营地附近采花，并向他的某个仆人传递消息，说公主鲁达贝想要嫁给他。扎尔也不愿听从劝告。他在马匹身上装满珠宝，让仆人牵着马回去了。鲁达贝满心欢喜，希望立刻去见扎尔。但她怎么做才能瞒住父母呢？她的仆人建议她这样告诉父母，就说她想去乡下的一座城堡看看，然后再邀请扎尔去那里和她见面。

她的请求得到了许可。一天晚上，扎尔前来与她相见。鲁达贝在夕阳的余晖下显得格外美丽，她在阳台上微笑着和他说话。他们聊啊聊啊，直到扎尔请她放下一根绳子，好让他爬上去，到她身边去。鲁达贝放下她的发辫，他抓着辫子爬了上去，投入她的怀抱。他们向彼此倾诉着爱意，但扎尔说他们必须保密，因为他的族人十分憎恨她的族人。

"在向你求婚之前，我要和我的谋士商量一下。"他说。鲁达贝回答说："我的心属于你。现在没有别的国王能得到我了。"他们亲吻彼此，拥抱彼此，然后扎尔跳下阳台，离开了。第二天黎明到来的时候，扎尔召集他的谋士，告诉他们自己决意要娶鲁达贝。谋士们对他想娶"蛇王"（the Serpent King）的女儿为妻十分忧心，建议他给萨姆写封信。

萨姆向术士们征求意见。当他听到神灵会保佑这段婚姻时，非常高兴。不仅如此，神灵也给出了预言，说他们会有一个儿子，这个儿子将成为有史以来最伟大的战士。他把这个消息告知了扎尔，但要求儿子暂时保密，直到得到玛努切赫尔国王的准许。

扎尔和鲁达贝在这段时间里并没有见过面，但他们一直在给对方写情书。鲁达贝的母亲十分怀疑，问鲁达贝究竟发生了什么事。"我和扎尔订婚了。我爱他胜过爱全世界。"她回答。她的母亲没有生气，但她的父亲梅赫拉布却大为震怒。他叫嚷道："玛努切赫尔要夺去我的王国。他甚至可能处决我，这一切都是因为我有个自私的女儿！"

梅赫拉布的妻子尽量让他平静了下来，然后梅赫拉布允许鲁达贝前来看他。鲁达贝身穿最华丽的衣服走上前，她看上去漂亮极了。她立刻说："我已经和世界上最高贵的人订婚了。"她是那么开心，梅赫拉布不忍心责备她。然而当国王玛努切赫尔听说这件事后，却下令让萨姆率领一支军队，将喀布尔和那里所有的人民全都消灭。梅赫拉布通过密探得知了这一消息，他知道自己的军队肯定会被一举击溃。他再次对女儿大发雷霆，甚至想要处死她。但他的妻子说服他派鲁达贝去见一见萨姆，并让马匹驮上礼物和珠宝。

萨姆十分感动，但他畏惧于玛努切赫尔国王的愤怒而不敢接受这些礼物。但他是如此宠爱扎尔，于是最终还是接受了礼物，并尽他所能为这场婚姻做好安排。萨姆前去面见国王，告诉他术士们都赞成这桩婚事，于是国王终于同意了。

扎尔和鲁达贝的生活美满幸福，直到有一天鲁达贝突然病倒了。她得了绝症。医生们的一切努力都以失败告终。鲁达贝变得越来越虚弱，距离死亡只有一步之遥。扎尔在房间里踱来踱去。他扯着头发，捶打胸膛，哭喊道："当我还是个婴儿的时候，斯摩奇为什么不把我丢在山上，让我死掉呢？"扎尔一说出神鸟的名字，突然想起斯摩奇的最后一句话："从我胸前拔一根羽毛吧！如果你遭遇危险，就烧掉它，我就会来帮助你。"

扎尔冲出房间，又拿着那根羽毛跑了回来，将羽毛扔进了火里。黑暗降临。扎尔把妻子搂在怀里。神鸟的身体占据了整个房间，并问道："你为何要如此绝望？我会治好你亲爱的鲁达贝，她这就将要生下你的儿子，世人将会用'世间罕有'（the Wonder of the World）来称呼他！"说完这句话，斯摩奇从翅膀上摘下一根羽毛递给扎尔，然后就消失了踪影。鲁达贝从床上坐起来。石榴般的红晕又出现在她的双颊。她笑了。

斯摩奇的预言成真了。他们生了一个孩子，名叫鲁斯塔姆

（Rustem），他是真正"世间罕有"之人。8岁时，他就能打败王国里的任何战士。他是最英俊的男孩，极其勇猛，波斯人称他为他们的"盾牌"（Shield）。但那又是另一个故事了。扎尔和鲁达贝逐渐老去，但当他们看着儿子鲁斯塔姆长大时，他们的爱情历久弥坚。

词汇与句子

· 练习唱诵角色的名字、民族的名称以及地名：Persia（per-zia），Kabul（Kar-bull），Zohak（Zoh-hack），Minuchir（Min-uh-keer），Zahon（Zar-hon），Zal（Zarl），Simurgh（Sim-erg），Mihrab（Mi-hrab），Rudabeh（Rud-ar-beh），Rustem（Rust-em）。让学生用手拍音节，发音要准确清晰。

· 分组完成任务：

1. 找到两个音节以上的单词，列出并唱诵，要能够清楚地听到每个音节。

2. 利用掌握的音素知识并结合对上下文的理解，猜一猜下列单词的读音和意思：reigned（统治），distressed（痛苦），rearing（抚养），interpreted（解梦），unsurpassed（无人能及），scholar（聪颖卓绝的学生），regions（地区），braids（发辫），balcony（阳台），execute（处决），despair（绝望），prophecy（预言）。

3. 查找、唱诵并列出含有 **-ss-** 的单词，例如 childless（没有孩子）、blessed（祝福）、distressed（痛苦），同时猜猜它们的意思并查字典。

4. 找出含有其他双写辅音字母的单词，例如 eventually、suggested，以及带有其中一个辅音的词。

5. 轮流背诵约 20 行的内容，注意标点符号，例如：碰到
   冒号时要转换为说话的语气，要体现出句号和逗号在
   停顿时间上的不同。

阅读

· 引导学生注意下列几点：

1. 名字，例如：Menuchir（玛努切赫尔）、Kabul（喀布尔）。

2. 习俗，例如：向众神祈祷。

3. 事件，例如：萨姆去了山里，这表明故事来自不同的
   文化。

· 在第一遍阅读后展开讨论，并按照名字、习俗、事件这
几个类别制作图表。

· 主题讨论：父母如何照顾孩子。讨论问题如下：

1. 哪些角色是好的父母，哪些是不太好的父母：萨姆、
   神鸟斯摩奇、鲁达贝的母亲、梅赫拉布，都是如何表现
   出来的？

2. "不太好"的父母有进步吗？在哪些方面有进步？

3. 在这个故事中，好的父母具有哪些品质？

4. 你认为怎样才算是好的父母？

· 讨论其他角色的性格特点：国王玛努切赫尔、扎尔和鲁
达贝。鼓励学生跳出"非好即坏"的分类标准，从不同角度看
待人物，例如：尽管萨姆对他的儿子有偏见且冷酷无情，但他
后来感到内疚并做出了弥补。

写作

· 让学生构思并撰写一篇习作：

1. 故事的另一种结局。

2. 关于鲁斯塔姆的故事，要围绕关于他的预言并分成多个章节。

3. 关于不同类型的父母养育孩子的故事，可以发生在现在或者未来，写一写那些好事和坏事。

舞蹈与戏剧

· 尝试体会燃烧羽毛可以令大鸟现身的情形。通过燃烧羽毛，让学生自己创作神迹显现的场景。

· 两人一组即兴发挥：

1. 扎尔—神鸟：养育孩子的神鸟。

2. 扎尔—萨姆：萨姆把扎尔带回家，为他进宫做准备。

3. 梅赫拉布—鲁达贝：她告诉他她想嫁给扎尔；他的回答。

4. 鲁达贝的母亲—鲁达贝：母亲为女儿与父亲的第二次面谈做准备。

5. 扎尔—神鸟：鲁达贝得救了。

· 各组根据一段故事情节创作一部剧，可以借助动作、默剧和对话等形式，并要用到文章中角色的一些对话。

绘画

· 让学生：

1. 画出下列某个角色：还是被遗弃的婴儿的扎尔，神鸟斯摩奇，感到内疚的萨姆，为进宫参见玛努切赫尔穿衣打扮的扎尔，等待扎尔到来的鲁达贝，"距离死亡只有一步之遥"的鲁达贝。

2. 选出最喜欢的故事场景，并以个人或小组为单位给这个场景画一幅插图。

音乐

· 分组为下列场景谱曲并用乐器进行演奏：

1. 扎尔被遗弃在遥远的荒山中。

2. 扎尔在玛努切赫尔的宫殿里。

3. 扎尔和鲁达贝秘密会面。

4. 梅赫拉布听到鲁达贝表达对扎尔的爱慕之情时的反应。

5. 神鸟斯摩奇再次出现并治愈鲁达贝。

· 强调上述音乐片段要体现出节奏、情绪和音量的变化，再将它们组合成一支序曲。向学生解释：序曲是指一段蕴含故事情感的音乐，在故事（通常是歌剧）正式展开之前演奏。

五年级：第三学期。《钢铁怪》(The Steel Monster)

文章

一千多年前，在伟大的亚美尼亚（Armenia）王国有一位国王，他有四十个儿子，其中三十九个儿子都已经结了婚，现在轮到年纪最小的王子帕蒂坎（Patikan）去试试运气了。国王给了他一把剑、一张弓、一个装满箭的箭袋、一袋金子和一匹黑色的骏马，然后祝他好运，挥手送他离去。

帕蒂坎游走于世界尽头。他曾目睹充满光明的上层世界和阴郁黑暗的地下世界。他曾与各种怪物、巨人、野兽及人类勇士战斗，并且打败了所有人。最后当他花光了所有金钱的时候，恰好看到一座巨大的由石头和钢铁建造的城堡，城堡的塔楼高耸入云。

帕蒂坎骑着他的马来到那座宏伟的堡垒跟前，沿着城墙又走了十英里，然后停在了一座拉上去的吊桥前。他透过每一扇窗户向里面张望，没有看到任何活着的东西。他用尽力气大声喊道："这是谁的城堡？有人住在这里吗？"没有人回答。

傍晚的时候，他突然听到隆隆的声响，看见远处出现一个庞然大物的身影。是个男人吧？不太确定。他的身形之宽大和他的身高不相上下，而他非常非常的高。那是个怪物。更奇怪的是，这怪物的全身除了头盔和靴子，都是钢铁做的。他双手紧握一张钢弓，背上挎着一个装满铜箭的箭袋。

这时，地面震动起来，好像地震将大地一分为二。钢铁怪的鼻子像飓风一样嗅来嗅去。他张开那张可怕的大嘴吼道："我闻到了人肉的味道，而且是不请自来的猎物。"他笑了起来，像打雷一般，然后接着说：

没有鸟能飞过我的地盘。
没有蛇能钻过我的草地。
没有任何东西能穿过这些地方。
所以你不能通过。
让我看看你。过来，不然我就一把火烧了你。

帕蒂坎拔出剑，对着那个大恶棍挥舞起来。那个恶棍喊道："你以为你是谁？难道你没听说过钢铁怪吗？"

"我没有**以为**我是什么人。我**知道**我是帕蒂坎。当然，我听说过你。我曾造访各地，斩杀无数妖怪，我一定会非常享受和你大战一场。"

钢铁怪轻蔑地吹了口气："噗！"帕蒂坎被吹进了附近的树林。但他从树林里出来的时候镇定自若，抢起剑就刺向钢铁怪的小腿。剑被反弹了回来。钢铁怪嘶嘶地向他喷出火焰和蒸汽。帕蒂坎向钢铁怪的头部射箭，箭像小小的火柴棍一样四散弹开。钢铁怪从鼻孔里轻轻哼了一下，就把它们全烧了。

尽管如此，钢铁怪还是被打动了。他说："帕蒂坎，我钦佩你的勇气，但是你不会赢的。没有什么能杀死我，你是在浪费时间。你现在还没惹我生气，所以趁你还好好的时候最好给我安静一点儿。你为什么不做我的仆人呢？"帕蒂坎别无选择。为了保命，他同意了。做钢铁怪的仆人也没有多坏，因为需要做的事情并不多，钢铁怪大部分时间都在外面打猎。

钢铁怪当时有爱慕的人。有一天他对帕蒂坎说："每个人都怕我。没有什么能伤害我。但我对东方之王（the King of the East）的女儿的爱慕之情令我心痛。她非常漂亮，我曾七次试图绑架她。但问题是，我只要一碰到她就不可能不对她造成伤害。为什么不让你去试试呢？如果你能把她给我弄来，我就放你走。"

帕蒂坎同意并立即出发了。钢铁怪的警告一直在他耳边回响："不要试图逃跑。你跑到哪里我都会杀了你。"尽管如此，钢铁怪还是给了他一匹跑起来快得惊人的骏马、一大笔钱和很多武器。他走了一段时间，看见一只鸽子。它的翅膀被荆棘丛挂住了。他走过去放出了鸽子。鸽子开口说话让他吃了一惊："总有一天我会报答您的好意。从我的翅膀上拔下一根羽毛，如果你遇到麻烦，烧掉它，你就会得到帮助。"鸽子飞走了，帕蒂坎向它挥手告别。

经过三天的旅行，帕蒂坎来到了东方之王所在的城市。他花了一些钱购买当地最新款的服饰——窄裤、宽帽、袖子宽大的衬衫。他还学会了当地方言，并在国王的花园里找到一份工作。一天，公主透过窗户看到了他。对于眼前看到的男子，她十分倾慕。她探出身子，命他走上前。帕蒂坎看到公主时激动地浑身发抖。她毫无疑问是个大美人。"你有什么想说的吗？"她问道。

起初，帕蒂坎说不出话来。但他想起了自己来到此处的目的，便说："我祝您一切都好。祝您长命百岁。我是一位王子，是专程来见您的。老实说，我爱慕您。"

"好吧，"她说，"如果这是真的，你就必须通过我父王的三项测试。如果你失败，就会被处死。这样你还想得到我吗？"

"是的，"他回答，"我不怕，但测试内容是什么呢？"

"第一项，你必须用一把木斧砍倒一根铁杆。"她说。

"什么？"他回答说，"那是不可能的。"

"接下来，你必须顶着一杯斟满的酒爬上一棵大树，一滴也不能洒出来。"她说。

"您一定是在开玩笑！"他叫道。

她接着说："最后一项是，一片撒满麦粒的田地。你必须在一天之内将每一颗麦粒都挑出来，即便是混进泥土里的也要挑出来。"

帕蒂坎说："您的父亲现在还不如砍了我的头。"

她看出了他的迟疑，于是便说道："振作起来。这是一块特制的手帕。如果你把这个缠绕在铁杆上，木斧就会直接穿过去。这是我最珍爱的戒指。如果你把它放进酒杯，你爬树的时候酒一滴也不会洒出来。"

帕蒂坎等了一会儿，然后问道："那小麦怎么办？"

"关于这件事我没有什么特别的东西。"她回答说。

"好吧，"他说，"到时候我会想办法的。"

帕蒂坎加入了那些怀抱希望的人，排队等待测试。之前尝试过的所有人都被斩首了，但所有刚来的人都希望自己成功。国王对仪表堂堂的帕蒂坎十分满意。他问："你知道失败的后果，对吧？"

"是的，我会掉脑袋。"帕蒂坎笑着回答。

帕蒂坎被带到了铁杆旁边。他偷偷将手帕系在上面，抽出木斧，一下就把杆子砍倒了。

"万岁！"国王喊道，倒了一杯酒，"好吧，把这个顶在头上爬上那棵树。记住，一滴也不能洒出来。"

帕蒂坎把戒指偷偷放进酒杯。他爬上树又爬下来，一滴都没洒。

"优秀的小伙子！"国王喊道，"那好。明天早晨，你会看到那边的田地里都撒上了麦粒。你必须在日落之前把每一粒都挑出来。"

"好吧。"帕蒂坎忧心忡忡地说。

第二天一大早，天还没有完全亮起来，帕蒂坎就已经开始捡麦粒了。等到中午的时候，他的背似乎要断掉，但完全看不到希望。他坐在地上，揉着脖子，突然想起了那只鸽子。他拿出鸽子的羽毛，将它点燃。当火焰熄灭时，田野上空到处都是觅食的鸽子。它们发现了放在田埂边上的粮袋，于是飞来飞去地开始衔麦粒。下午的时间才过了一半，田里就空了。傍晚，国王的人来检查田地，发现地里不见一粒麦子。

他们把帕蒂坎带到国王面前，国王看起来很高兴。"她属于你了，小伙子。这是你的努力所得。如果你愿意，可以永远留在这里，统治我一半的王国。"

"谢谢，"帕蒂坎说，"但我最好还是带她一起上路。"

"如你所愿。"国王回答。

于是，帕蒂坎和东方国王的女儿立即上马离去。当天晚上，他们肩并肩躺在帐篷里，帕蒂坎把剑放在他们中间。公主早就注意到帕蒂坎对她不太亲切，但这样做实在太过分了。于是她问道："我们俩不是要成为夫妻的人吗？"

"不，"他回答，"应该是更像兄妹。"

她简直不敢相信。"那么我要嫁给谁？"她问。

"钢铁怪。我们正在去找他的路上。"帕蒂坎说。

"什么！"她喊道，"是他！这么多年来他一直想绑架我，到目前为止我都成功逃脱了。如今他派你来骗我，我还以为你是真的爱我。我该怎么办？"

她万分痛苦地跑到附近的湖边，想要跳水而死。这时帕蒂坎喊道："不！请停下来！我有个计划。"公主松了一口气。湖水又深又冷。帕蒂坎走过来对她说："我答应过要把你带给他，我们都逃不掉。不过，别担心，我会留在你身边，想办法把你从他的魔爪中解救出来，然后我便会娶你。"

"好主意，"她回答，"但这还称不上一个计划。不过我想我别无选择，因为我爱你。"

"实际上，这就像你关于麦粒那件事的计划一样。"他微笑着表示回应，然后他们郑重发誓要对彼此忠诚，但没有接吻。黎明到来，他们收拾行装，骑马前往钢铁怪的城堡。当钢铁怪看到他的仆人带来了东方国王的女儿时，他高兴坏了。他向帕蒂坎表示祝贺，并说他可以获得自由，并带走更多珍宝。但是帕蒂坎对自由失去了兴趣，没有公主他也不想要什么自由。于是他摇了摇头。没想到，钢铁怪对待公主的方式可圈可点。他说："你可以得到你想要的任何东西。"

她的回答很巧妙："你很好，但我父亲让我发誓，婚后七年内我不能与丈夫同床。我从不食言。"

"现在你是我的了，即便等上二十年甚至是四十年我们才能睡在一起，我也不会皱一下眉头。"然后，他又问帕蒂坎是否愿意做他们第一个孩子的教父。帕蒂坎想象自己垂垂老矣时成了一个半钢铁怪婴的教父，不得不使劲憋笑。不过他还是同意了。

于是，这对恋人开始寻找杀掉钢铁怪好自由结婚的办法。他们每个人都提出了一大堆建议，但没有一个足够好。"我们面对现实吧，"帕蒂坎说，"如果我试图在半夜熔化掉钢铁怪的脑袋，他一定会醒过来的。"

"我同意，"公主笑着说，"但是你那个挖洞再用树枝盖住作为陷阱的把戏更糟糕。挖那么大的洞大概需要十年的时间。"

当真正的主意出现时，就像一道闪电，后来他们谁也记不起那究竟是谁想出来的主意。它是这样的：帕蒂坎必须杀死钢铁怪的灵魂。不过，首先需要公主找到它在什么地方。为此，她不得不绞尽脑汁地假装深爱着钢铁怪。

"亲爱的，"一天晚饭后她对钢铁怪说，"你每天外出打猎时我都会非常非常地思念你。我并不想阻拦你出去，但我希望你不在的时候至少可以和你的灵魂说说话。这样能帮助我度过漫长的一天，直到你晚上回家。"

她以前从来没有对他表现出这样的感情。钢铁怪相信这是因为七年的时光即将结束，她很快就可以和他共眠了。他完全被她迷住，因此立刻将答案直接说了出来。"在离这里骑马七天路程的白山上住着一头强壮的白色公牛。他每隔七天，都会到大理石水池边喝水。白牛身体里面住着一只白狐，白狐身体里面有一个白盒子，白盒子里装着七只白色小鸟。我的灵魂就在那些鸟儿的身上。那是我全部的力量之源。没有人能杀死白牛。就算有人能做到，狐狸也会逃跑。如果狐狸被抓到，箱子就会紧紧闭合。如果盒子被打开，鸟儿就会飞走。所以我的灵魂和力量是万无一失的。"

他想得倒美。钢铁怪刚刚开始打鼾，公主就立刻跑到帕蒂坎跟前，告诉他关于白牛和其他的事，并补充说："好了，我的任务已经完成。现在轮到你出马了。你所要做的就是杀了公牛，杀了狐狸，把盒子从狐狸身体里拿出来，把鸟儿从盒子里拿出来，再把它们都杀掉。这应该很容易。"

帕蒂坎想起他经历过的考验，以及自己不再拥有像鸽子的魔法羽毛那样的东西，因此并不太确定，但他仍然愿意一试。第二天，他得到了钢铁怪的外出许可，说要去狩猎几天。然后，他前去拜访了一些智者，征求他们的建议。智者说："男人会败在女人手上。野兽则会被酒拿下。"他们只说了这些，但帕蒂坎听懂了。他买了七桶上好的红葡萄酒，让一匹马驮上，骑着马赶往白山。

帕蒂坎到达那里后，立刻将大理石水池里的水倒空，又用葡萄酒将水池灌满。然后他跳进地上的一个洞里等着。幸运的是，第二天便是第七日，白牛慢悠悠地来喝他每周都要喝一次的水。这是一生难得的佳酿。只喝了一口，公牛就忘了这和从前的味道并不一样。喝了两口，他觉得自己从未有过这种感觉。三大口下肚让他"哞哞"地叫个不停，四大口他兴奋得足以让山崩地裂。等水池里的酒全被喝光时，那头白色的公牛已经在白山上跳起舞来，就像以前和以后所有在亚美尼亚跌跌撞撞的醉汉一个样。他终于瘫倒在地。

帕蒂坎的手速和屠夫不相上下，转瞬之间就割断了公牛的喉咙。森林里，钢铁怪不停嚎叫："啊！我是个碎嘴的白痴。我为什么要告诉她我的秘密？帕蒂坎正在杀那头白牛！"他狂怒地往家跑去，想要杀死公主。

还没等那只狐狸闻到气味，帕蒂坎就已经将它一劈两半。钢铁怪正从森林里跑出来，他的鼻子喷着血，嘴里诅咒着自己的愚蠢。

帕蒂坎立刻打开盒子。钢铁怪大步穿过田野，可以看到鲜血从他的耳朵和嘴里喷涌而出。他疯狂地想要报复。

帕蒂坎抓住不停挥舞翅膀的白色小鸟。钢铁怪离城堡越来越近，他能看到脸色阴郁的公主正在窗前咬着自己的指甲。

帕蒂坎捏碎两只小鸟。钢铁怪的膝盖在他身下折断了。

帕蒂坎再次捏碎两只小鸟。钢铁怪的手臂断了，掉进了护城河。

帕蒂坎又捏碎了两只。钢铁怪肚子裂开，内脏全都倒了出来。

帕蒂坎用一块石头砸碎了剩下的最后一只鸟。钢铁怪一头撞在城堡的墙上，摔得粉碎。当他重重倒下的时候，一团黑烟从他身上升起、飘远，就像火葬时的柴堆。

帕蒂坎骑着他的黑色骏马，轰隆隆地从白山上疾驰而下，径直飞奔进城堡的庭院。公主在那儿等着他，高兴得手舞足蹈。他让马停下来，她跳上他身后的马鞍说："干得好，我的爱人。现在继续往前走吧，让我们离开这个地方。"

他们骑马奔向未来。他们结了婚，非常幸福，还生了很多孩子。

词汇与句子

· 利用学生已经掌握的一系列策略，测试他们拼写下列单词的能力：millennium（千年），stallion（骏马），eventually（最终），gigantic（巨大的），hurricane（飓风），fearsome（可怕的），servant（仆人），gorgeous（漂亮），remembered（想起），scared（害怕），straight（直接），precious（珍爱的），tiniest（最小的），jubilant（兴高采烈的），beastly（野兽般的）。

· 在读这些单词时，要特别强调每个音节的发音，询问学生这些单词包含几个音节。

· 两人一组查字典，相互检查拼写是否正确，并找出词语释义。

· 再测验一遍拼错的单词，并提出问题："为什么会错？""有什么拼写规律？"

· 两人一组在文中找出下列介词：up, in, on, at, into, onto, off, over, through。如果替换句子中的介词对句意有什么影响？

· 分组背诵约20行的内容，注意标点符号，要体现出标点符号的不同效果，例如：角色说话时的不同声音，问句要读出提问的语气。

阅读

· 分组就故事主题展开讨论，包括：

1. 与他们已经读过的故事有哪些相似之处，例如：最小的儿子取得成功，完成三个任务赢得公主的芳心。

  2. 有哪些不同之处，例如：寻找钢铁怪灵魂的过程。

· 告诉学生，这表明特定主题在所有文化中都是相通的，也有某些主题是一种或两种文化所特有的。

· 讨论谁是讲述故事的人：帕蒂坎？钢铁怪？

· 告诉学生，负责讲述故事的是说书人，而这个说书人很可能是从别人那里听到这个故事的。

· 学生讨论：如果由帕蒂坎、钢铁怪或公主讲述这个故事，会有什么不同。

· 让学生以帕蒂坎或公主的第一人称视角，讲述任意一部分故事内容。

写作

· 学生动手写读书笔记，并记录下列内容：

  1. 帕蒂坎和公主的相处方式。

  2. 他们最喜欢哪部分故事内容，发生了什么事情，为什么喜欢这个部分。

  3. 探讨故事主题的相似性和差异性。

  4. 预测故事各阶段的发展。

  5. 以帕蒂坎或公主的第一人称视角记叙某部分的故事内容。

  6. 对故事的描述、阐释和评价。

舞蹈、戏剧与音乐

· 引入只有声音的戏剧的概念，就像大家在收音机里听到的那种。说明除了角色的声音，故事讲述者也需要有自己的声音。

为了让故事听起来更逼真，还需要配合音效和音乐。

· 将故事分成几部分并分配给各个小组，大家根据第三章"有剧本的戏剧"中的介绍排演声音剧。

绘画

· 各组决定最喜欢的场景并将其制作成大幅墙画或横幅，方法如下：

1. 每人创作一幅包含某个角色和相关背景的画。
2. 然后让学生讨论他们希望采用哪些作品。
3. 制作一幅较小的墙画或横幅作为参照的画稿。
4. 可以让学生用粉笔或炭笔描出整体轮廓。
5. 用混合的比较浓稠且鲜艳的颜料作画。

六年级：第二学期。《士兵的小提琴》（The Soldier's Fiddle）

文章

在那个战事频发的年代，许多年轻人背井离乡，追求刺激的军队生活。有一个普通的士兵，他的名字是迪米特里（Dimitry）。迪米特里是个随遇而安的人，他喜欢军旅生活，但是对战斗本身并无好感。他目睹了太多战友在毫无意义的战争中丧生。好朋友因为一块小小的甚至都不值得耕种的土地而白白丧命。但是，迪米特里总能把烦恼抛到脑后，尤其是在他拉响小提琴的时候，这是他最大的乐趣之一。

迪米特里很开心。那是一个阳光明媚的春日傍晚，他正沿着小路向家走，准备度过七天的假期。他关注着每一个微小的景象或声音，每一种气味或触感。附近小溪的潺潺流水声吸引了他，于是他放下行李袋，在小溪里踩起水来，裤子卷到了膝盖上面。

这让迪米特里感到凉爽了不少，接下来他拿出了自己的小提琴。和许多乡下小提琴手的提琴一样，他的这把小提琴也不值钱。但当他拉响它时，能让谷仓舞会上的每个人起身跳舞，能让哭闹不止的婴儿酣然入睡。此刻他拉响一支曲子，令他想起了自己的家和女朋友娜塔莎（Natasha）。

一棵榛树后面躲着一个人。那个男人穿着花呢外套，戴着猎鹿帽，这是一个如假包换的有钱人。他手里拿着一张大网，在空中扫来扫去捕捉蝴蝶。他抓到一只蝴蝶，把它放进一个罐子，又把罐子放进一个闪闪发光的皮包里。这个人正是撒旦（the Devil）的化身。

迪米特里刚刚结束他最喜欢的一支曲子，撒旦便走过来了。

"太美了！"他赞叹道，"你在哪儿学会小提琴的？"

"父亲教我的。"迪米特里回答，惊讶却保持礼貌。

"嗯，他教得不错。"撒旦又说，"我以前从没听过这样的小提琴演奏。"他停顿了一下，看着迪米特里，那神情令士兵感到很不自在。"给我看看你的小提琴。"撒旦要求道。迪米特里想都没想就把它递了出去。撒旦拨弄了几下琴弦，又拉了几下，小提琴发出可怕的噪声。然后他把提琴还给了迪米特里。

一阵沉默，迪米特里太过礼貌，没有打破这种沉默。此人显然拥有豪宅和大片的土地。在那个年代，一个普通的士兵知道自己的位置。撒旦从包里抽出一本皮面书。"看这个。"他说，"这本漂亮的书能让你一夜暴富。"

"哦。"迪米特里回答。哪里不太对劲，但他不知道究竟是怎么回事。此人给人的感觉是如此熟悉，就像是自己失散多年的叔叔或者什么人。迪米特里打开书，看到上面画着一些人物和星座。他不太爱读书，扫了几页后便把书还给了他，说："对不起，我不太会读书。"

撒旦在他旁边坐下，打开书，向他解释它的神力。"这些标志和符号，"他说，"可以告诉你未来。在预测和赚钱有关的事情上尤其管用。"

"赚钱？"迪米特里问，"这是什么意思？"

"赚钱，是的，通过下注或投资获得金钱，这就是这本书可以做到的事情。你可以算出哪匹马会赢得赛马比赛。更棒的是，你还可以算出未来几天哪些股票会暴涨。"

迪米特里简直不敢相信自己的耳朵。"不，"他说，"那是不可能的。"

"哦，真的。"撒旦回答，"我是认真的。听着，我来跟你做个交易。你把你的小提琴给我，到我家来玩三天，教我怎么演奏。作为回报，我会给你这本书，教你如何利用它给自己赚钱。怎么样？"

迪米特里心动了。他的工资十分微薄，而且大部分都花在了娜塔莎身上。如果他能得到一笔钱，就不必为了在某处找个房子而辛苦存钱，他可以立即向娜塔莎求婚。

"不，我不能。"迪米特里回答。但撒旦知道他上钩了。

"想想你能用银行里的钱做些什么吧！"他谄媚地说，"你可以买自己的房子，给你的爱人添置家具。你可以生孩子，送他们去上学。为什么你一辈子都要过拮据的生活，省吃俭用来租一个房间呢？对于一对年轻的夫妇来说，那是怎样的生活啊？"

下定决心太容易了。不消几分钟的时间，迪米特里就交出了他的小提琴，拿起书，坐上了撒旦的胡桃马车。四匹黑色的骏马拉着这辆车。撒旦跳上驾驶座位，抖了抖缰绳，骏马便以极快的速度飞驰而去。迪米特里感到马车腾空而起，眼看一棵棵大树从他面前刷刷地掠过。只用了几分钟的时间马车就放慢了速度，沿着一条笔直的道路奔向一座富丽堂皇的庄园。

那是绝对奢华的三天！想象一下，无论你想吃什么或者喝什么，只要撒旦打个响指就都有了。迪米特里在这期间始终把眼睛睁得很大，完全不觉得无聊，一分钟也不曾有过。花在教学上的时间也并没有多久。迪米特里教会撒旦几首曲子，他弹得不错。撒旦则教会了他如何以及何时可以充分利用这本书。

一切"美好"的事情都有结束的时候。三天之后，迪米特里回来了，又是一个阳光明媚的春日傍晚。他再次路过第一次遇到撒旦的那条小溪。

"好吧，我失去了我的小提琴，但我得到了那本书。只要我愿意，我可以用赚来的钱再买一把斯特拉迪瓦里琴（Stradivarius）——那可是用钱能买到的最棒的小提琴。没发生什么不好的事情，除了我失去了三天的假期。失去！但我玩得多么开心。用不了多久我就能补偿娜塔莎。等她知道我们发财了，她会改变态度的，毫无疑问……"

迪米特里就这样喋喋不休，直到他踏上可以俯视家乡的那片熟悉的高地。

天黑了，他向下望去。各家窗户透出的灯光就像打了蜡的苹果泛着黄晕。深蓝色的袅袅炊烟从烟囱中飘出，玩游戏的孩子们在唱着歌谣。村子里正透露出属于夜晚的惬意氛围。迪米特里听到一声叫喊——老尤里（Yuri）正在大声吆喝他那只倔强的山羊。他对这位老朋友喊道："尤里，是你吗？我是迪米特里。你看不见我吗？尤里！"尤里正抓着系在公羊身上的绳子。他抬起头，愣住了。当他看到迪米特里的一瞬间，他的眼睛圆睁，嘴巴张得更大。他扔下绳子，往山下跑去了。迪米特里瞧了瞧自己身上，想看看是不是哪里不对劲，但他还是和以前任何时候回家时没有两样。也许是有点儿脏兮兮的，但尤里并不会为此烦恼。他本就是一个邋里邋遢的老农民，总是穿着同样的衣服。

困惑的迪米特里慢慢地向村子走去。接着，他看到了安雅（Anya），她在旧谷仓里喂鸡。她一边喂，一边对围绕在身边的一大群鸡咯咯地吆喝着。当她看到迪米特里时，怀里捧着的食盆掉了下来，她从后门钻进了自己的小屋，差点儿被鸡绊倒。她脸色煞白，一副吓坏了的样子。

迪米特里开始慌乱起来。这些人是他从小就认识的人，一直都很喜欢他。为了搞清楚状况，他走进了"羊毛布巾旅馆"（The Woolpack Inn），里面已经被刚刚下班的农场工人挤满了，他们想赶紧喝上一杯再回家。他认识那儿的每一个人。他们都曾是他的玩伴。他喊道："大家好，我回来休假了。待会儿一起喝一杯吧。"作为回应，大家却纷纷背过身去，手里端着各自的大酒杯，嘴里嘟囔着什么。他听到有人低声说"逃兵"，另一个人则说"越狱"。

迪米特里吓得浑身发抖，赶紧离开了酒吧，沿着大路往家跑去。他来到家门口，并没有敲门，而是偷偷溜进院子从后窗往屋内窥视。他的母亲就在那里，看起来比以前要老一些。父亲也在那里，挂着拐杖一瘸一拐地踱着步子。这样的景象他从未见过。突然，母亲从窗口看到了他的脸。她尖叫着冲出了房间。

迪米特里的世界全变了。为了最后一次确认，他步行来到娜塔莎父母的房子前，从前门的小圆窗往里看。娜塔莎看上去年龄大了一些，但也更丰满了，她正在给一个婴儿换尿布。一个蹒跚学步的孩子正拉着她的围裙说："妈妈快来看，快来看。"对面的扶手椅上坐着一个男人，他正在读报纸。多么幸福的家庭场景，他的女朋友娜塔莎，被围绕在中心。但如今她已是另一个男人的妻子了！

他步履沉重地穿过主街，经过一扇扇拉着帘子的窗户。就连那只熟悉的老牧羊犬也在他离开村子往山上走时对着他狂吠不止。

"三天，"他说，"三天！这是怎么回事啊？"

正当他靠在一棵树上苦苦思索的时候，一个吉卜赛人打扮的男人向他走来。那是一张熟悉的脸。"出什么事啦？"他询问道，"你怎么看起来这么闷闷不乐？"

是那个有钱人的声音，但又不太一样。现在他说话时带着一点儿口音，就好像他来自莫斯科附近的某个地方。他又问："出什么事啦？你是丢了什么东西……吗？"

"我丢了自己。"迪米特里回答，并且立刻知道自己在跟谁说话。他没有一点儿精神，仿佛全都消失在地下了。

撒旦的语气变得很强硬。"你给我打起精神，小伙子。"他命令道，"这是一场交易，对吧？你有那本书。那就使用它！改变你的命运。别管山下那群无名小卒了。他们不值得你多花一点儿心思。只不过是一群没有野心的农民。你有那本书。你可以远走高飞。赶快用它！"然后，撒旦离开了。

迪米特里走了整整一夜的路。他一直走到黎明，终于意识到当你与撒旦一同玩乐的时候，三天就相当于三年。

迪米特里坐在一家旅店里，喝着早茶。这时他听到一群进城赶集的农民在谈论当天下午的赛马比赛。他们把报纸摊在桌上，讨论着每一匹马的身型。他跟在他们后面来到赛马场，咨询赌马规则。他还有一个星期的报酬，于是就把所有的钱都押在了一个四方赌局上。他并不是真对赛马感兴趣，所以他找到一块田地，在那里躺下稀里糊涂地沉沉睡去。当他醒来时，浑身发抖，随即又想起自己在哪里，便去找赌注登记人。

迪米特里下注的所有马都赢了。他的资金增加了大约20倍。这还称不上富有，但他已经上道了。奇怪的是他并没有感到更开心。他回到镇上，住进一家旅馆，又买了几件衣服。他洗了个澡，穿上新衣服，在旅馆吃饭。

迪米特里在比赛的整整一周时间里都待在那个小镇上。到了赛马结束时，所有赌注登记人都拒绝再接受他的下注。那里对他来说已经没有什么可赚的了，于是他坐着自己的马车去了大城市。

城市对迪米特里来说是一个可怕的地方。但他有很多钱，所以很快便安定了下来。无论走到哪里，他什么都不用做就能享受周到的服务。几天之后，他找到了股票交易所，人们在那里购买股票和公司股份。如果一家公司表现优异，股价就会上涨。如果一家公司业绩糟糕，股价就会下跌。迪米特里每天晚上都研究那本书，它可以告诉他应该把钱投资到哪里。

第一周结束时，他成了一个百万富翁。第一个月结束时，他的钱已经有好几百万。那年结束时，他已经住在自己位于市郊的豪宅里，雇用了数百人为他干活。白天的大部分时间，他都在铺着橡木地板的球房里打斯诺克，或者驾着游艇出海。

迪米特里如今有很多女人。但没人在意他其实失踪了三年，而不是三天。没人对他有哪怕一丁点儿真情，确实如此。她们喜欢的是他的钱和这种生活方式。他也有很多商业伙伴，但那些人也不在乎他。在百万富翁的世界里，除了赚更多他们已不再需要的钱外，没有人关心任何事情。

迪米特里感到无聊至极。他并没有变得快乐。他最后一次感到快乐是在小溪旁拉小提琴的时候。一天晚上，当他把黑球击进洞中时，他又想起曾经的时光，泪水顺着他的脸颊流了下来。他开始大声咒骂自己是多么倒霉。他的仆人赶了过来，询问他有什么不对劲，迪米特里所能说的只有："是的，一切都不对劲。"仆人一边想着富人可真是不知感恩，一边走开了。

然而，不久，仆人又回来了。这次他带来了一个挎着篮子的卖货老太太。仆人解释说，他已经想尽一切办法打发她走，但她就是不肯走，而且她态度强硬，根本赶不走。

"没关系，"迪米特里说，"我不介意和一个卖东西的老太太说说话。没准儿这样可以暂时缓解无聊。"

"还不满意吗？"卖货老太太这样问，迪米特里明白她是谁了。"您想从我这里买些什么东西吗？好心的先生。"她问。

迪米特里往篮子里看了看，在缎带和其他小玩意中间，他看到了自己的那把旧提琴。"你想买这把小提琴吗？"卖货老太太问。

"是的，我想买。"迪米特里回答，并把钞票塞到她手里。他拿起小提琴，用下巴夹住，拿起琴弓，在琴弦上来回拉。小提琴发出的声响令人厌恶，那噪声足以唤醒死者。迪米特里失去了他在乎的一切。他把小提琴扔到一旁，诅咒着撒旦。

"看看你得到的东西，"撒旦说，"你还想要什么呢？"

"在一个平凡的小村庄里做一个平凡的男人，陪着妻子和孩子，用双手养活家庭，周六晚上和我的朋友聚在酒吧里。这些才是我想要的，却也是我无法拥有的。"

撒旦把钞票扔给他，拿起小提琴，大笑着走了。

那天晚上，当所有的人都已睡着，甚至就连月亮和星星都睡着之后，迪米特里拿起那本书，把书页撕了下来，在游泳池边将这本书付之一炬。他拿起背包，离开了豪宅，书的灰烬还在水面上漂着。迪米特里又开始赶路。他看上去就像一个休假回家的士兵，只是脸上满是绝望之情。他连夜赶路。云彩消失了，只留下月亮和星星，他前方的路变成了一条银色小径。刚刚过了午夜，他穿过一片树林，来到了他的祖国和另一个国家的边界。看不见一个边防守卫，他已经受够了在自己国家的生活。于是，他毫不犹豫地越过边境，踏上那片新的土地。

当他在新的国土上越走越深入时，他的精神也逐渐振奋起来。自从遇见撒旦，这是他第一次感到一丝幸福。黎明时分，他看到另一个小镇。几片云的影子争相从上空掠过，被日出略微染成红粉色。这是一个塔楼造型优雅、有着纤细的塔尖的小镇。是时候重新开始了，这次不会再有那本让他变得贪婪的可恶的书。

然后，迪米特里坐在一家旅店外面，沐浴着朝阳吃饭，身旁挂着开满鲜花的花篮。他看着人们忙着各自的事情，他们的语言他能听得懂。他感到无比轻松。他感到无比自由，直到一个养牛的人在他对面坐了下来。这个人头戴一顶宽大的软帽，将他的脸遮在了阴影当中，因此迪米特里无法看清楚他的容貌。他说话的声音十分低沉，带有浓重的乡下口音。

"你不是这一带的人，对吧？"他问，"是什么风把你吹来的，公事？"他的声音透露出一种过于熟稔的语气。"你走了很远的路，对吧，从你的样子来看，是走过来的？"迪米特里试图不去理睬他，把脸转过去看着一匹马，但这很难。养牛的人还在不停发问："你不会跨过边境线了吧？有没有啊？在没有护照的情况下？"一阵巨大的嘈杂之声拯救了迪米特里，让他不用回答这些棘手的问题。那是一支铜管乐队，他们演奏的是通常在葬礼上吹奏的曲调。乐队后面是一列行进的人，大家的表情十分严肃，但并没有人穿黑色衣服，也没有人哭。

行进的队伍停了下来，里面有一个身穿华丽的红色制服、用金丝编着辫子的男人。一个男孩将一只箱子摆在他面前，他站了上去，拿出一个卷轴，清了清嗓子，中气十足地吼道："听着，听着！陛下要告诉你们所有人，他的女儿，公主殿下佩内洛普（Penelope）病得很重，几乎快不行了。她既不吃也不喝，全国各地的医生都无法将她治好。因此，陛下悬赏任何能找到治愈公主的方法的人：奖励是一半的王国，并且与佩内洛普公主结婚。"

那人把卷轴重新卷起来，放好，从箱子上下来，向乐队打了个手势，箱子就被抬走了。行进的队伍继续前往小镇的下一个地方。养牛的人脱下帽子，用两只胳膊肘靠在桌子上，径直盯着迪米特里的眼睛说："来吧，小伙子。你的机会来了。为什么不去试试？所谓富贵险中求。试一下吧。试一试。你又有什么好失去的呢？"

迪米特里知道是谁又想来折磨他。他直面撒旦的目光，回答道："你这个面目可憎的骗子！为什么就不能放过我？你到底想从我这里得到什么？你已经把我的生活给毁了！"

撒旦并没有回答迪米特里的问题，而是继续他自己的话题。"你说你的生活毁了。好吧。那你打算怎么做？嗯？整天对着啤酒发牢骚？成为一个没用的人？一个过去混得不错的人？一个无名小卒？你尽管继续，继续如此。不过这是你的大好时机啊！治好国王可爱的女儿佩内洛普，做个王子，就此安顿下来。这对于一个当过兵的弄假小子来说还不错吧？"

迪米特里知道撒旦又赢了。是的，这确实是一个挑战。他或许能找到爱人、伴侣、荣誉……谁也说不准。他把咖啡喝光，正要抬起头回答时，那里已经没有人了。然而，即使这让他想起曾经的各种错误，但迪米特里还是去了皇宫。他穿过一道又一道门，说明自己的来由，然后就被领进了一个房间。里面没有其他人，他等了很长时间。

迪米特里发现桌子上有一副纸牌。他坐下来，拿出牌，给自己发了一手牌。五张牌，五张全是红桃！同花顺。红桃10、J、Q、K、A。他再次洗牌，又给自己发了五张，还是完全一样。他抬头一看，撒旦又出现了。这次他穿着男管家的制服。是的，他穿着一身笔挺的黑制服，配一件红马甲，抽着一支大雪茄。

"来一局如何？"他问。

迪米特里想起小时候听过的一件事。"撒旦的力量只对那些欠他债的人才有效。"迪米特里身上已经没有那本书了，但还有那本书为他赢得的一卷钞票。如果他能把一切都还给撒旦，或许就能逃脱他的控制。

"乐意至极，"迪米特里回答，"能让我发牌吗？"

"当然可以。"撒旦回答。

迪米特里得到的每一手牌，无论是他自己发牌还是撒旦发牌，都输掉了。但迪米特里每一次都下了很大的赌注，就好像这一手一定最好。撒旦逐渐赢走了迪米特里身上所有的钞票，却不知道如何停下来。这一次，他被迪米特里算计了。仿佛通过想起那些简单的童年时光，迪米特里将自己从撒旦的魔爪下解救了出来。

"我加一万。"迪米特里说，把最后的一点儿钞票摆在台面上。

"我跟。"撒旦痛苦地叫道。

迪米特里摊开了自己的底牌。草花 2。方块 5。黑桃 3。黑桃 10。红桃 4。一手废牌。

撒旦尖声叫道："最大的是 10，你最大的只不过是个 10！你在玩什么把戏？我有三张 A 和两张 K，一手稳赢的牌。你为何毫不在意地输掉你的钱？"

"那不再是我的钱了，"迪米特里回答，"都是你的了！"他注意到他的小提琴靠在撒旦坐的椅子旁边，便抓起它开始演奏。琴声十分美妙，在房间里回荡着，迪米特里就像是一场音乐会上的小提琴手。

撒旦的身体痛苦地扭动着，一时间说不出来话。他掐住自己的喉咙。当他从敞开的窗户飞出去的时候，他的眼睛像坏了的自行车轮子一样扭曲变形，他叫嚷着："不要以为你赢了一场比赛，就赢得了整个战争。我会回来的，等着瞧！"

迪米特里嘲笑着这一奇特的场景。这时一个仆人走进房间说："请这边走。"迪米特里迈上铺着红地毯的楼梯，走进佩内洛普公主的卧室。室内弥漫着一种深沉而庄严的气氛，好像每个人都认为佩内洛普即将死去。她躺在一张四根柱子支撑的大床上，四周挂着纱幔。

迪米特里有点儿胆怯，但仍然向前迈出一大步，在琴弓上擦满粉，把小提琴抵住下巴，拉响记忆中最优美的曲子。这是10岁生日时父亲送他小提琴时教会他的曲子。他演奏时，房间里的仆人开始啜泣。他演奏时，光线似乎照亮了房间黑暗的角落。他演奏时，公主醒了过来。她睁开双眼，蓝色的眼眸如同新生的蓓蕾，每只眼睛里都闪烁着一滴泪珠，就像新鲜的晨露。

佩内洛普6个月来第一次从床上坐起来说："我很饿！为什么那儿没有食物？早饭时间早就过了。"

迪米特里拉开罩着床的纱慢，演奏起另外一支曲子，一支欢快的快步舞曲。公主笑了，她从床上跳了下来，跳起了舞。与此同时，就在花园里，撒旦——现在是一条毒蛇——钻进了地上的一个洞里。佩内洛普随着迪米特里狂野的曲调在房间里欢快地跳着、蹦着，国王和王后走了进来。迪米特里停止演奏，但国王向他挥了挥手说道："继续演奏。请，请，继续演奏吧。这是世界上最美妙的景象！"

后来，佩内洛普和迪米特里在宴会厅里吃了一顿丰盛的午餐。他们一边聊天一边大笑，好像已经是认识多年的朋友那样。国王和王后在桌子的另一端看着他们。他们高兴得说不出话来，看到女儿的双颊又泛起了红晕，刚刚觉醒的爱意令她展露笑颜。

迪米特里和佩内洛普的恋爱期没有持续太久。他们当天下午就订了婚，并在三天之后举行了婚礼。这是整个王国有史以来最盛大的婚礼。庆祝活动持续了一个月，整个王国的人几乎都放下了所有工作。

好吧这位读者，你或许以为到了该说那句话的时刻："从此幸福地生活在一起"，然后便可以结束这个士兵和他的小提琴的故事。但我可不会这样做。故事的结局有两个。一个是悲剧的结局，一个是几乎算得上悲剧的结局。我先讲悲剧的那个，再讲几乎是悲剧的那个。不过哪个才是真的，得由你来决定。不得不说，这个故事的悲剧结局是比较老的版本，而几乎是悲剧的结局比较新。如果两个你都不喜欢，那就得自己编一个。

下面是《士兵的小提琴》的悲剧结局：

多年以后，一个春日清晨，当他们谈论未来的时候，佩内洛普问了一些她以前从未问过的问题。"你从哪里来，亲爱的？你的父母住在哪里？你有兄弟姐妹吗？"她将这些问题一股脑地抛了出来。"我们去看看你的父母，把他们接过来，让他们在这里舒适地度过老年生活吧！"

迪米特里早就考虑过这些事情，但他拒绝了。他知道，只有当他来到这个王国后，他的幸福才能回来。他知道，如果他放弃了这些，便不会再有第二次机会。他记起撒旦说的最后一句话："不要以为你赢了一场比赛，就赢得了整个战争。"

所以他试图用各种蹩脚的借口来搪塞她。"我好多年都没见过他们了。他们一定是把我忘了。他们不会想见我的。"他知道，尽管他这样说，也一定会被她无视。一旦她这么做，迪米特里就得让步。因为只要她看他一眼，他就无法对她说不。

当他们坐着一辆马车来到边境的时候，其中一匹马挣脱缰绳跑掉了，马车陷进了沟里。迪米特里下车去追马，把佩内洛普留在路边。就在他越过边境的一刹那，撒旦跳了出来，咯咯地笑着、蹦着。他带走了低着头像个囚犯一样的迪米特里。撒旦赢了。这个故事告诉我们："已经有了的东西，就不要再奢求增添什么。珍惜眼前。"佩内洛普留在原地，为自己失去了唯一的爱、孩子们失去了父亲悲伤不已。

一个充满寓意的惨淡结局。好吧，希望那是你所希望的故事的结局。不过新的结局又是什么？那个决定命运的清晨有着怎样的结果？迪米特里说服佩内洛普放弃了她那无望的好奇心？不是。突然变天，暴风雨来了？不是。所有的马都得了可怕的疾病？不是。马车驶离王宫时轮子掉了？不是。

事情是这样的：

马车距离边境越来越近，迪米特里害怕得浑身僵直。他的脸色煞白。他的双眼因为恐惧而圆睁，他的手紧紧抓住座位。他一句话也没说，因为他的嘴绷成一条缝，一个字也说不出来。佩内洛普注意到了这一点，便喊马车夫停下车。她打开马车的门，请迪米特里和她一起来到路边。她并没有问他出了什么事。她已经知道了。她以前从未见过迪米特里这个样子。对她来说，他是一个深情的丈夫，一个充满童心的父亲。一个快乐的人，不管他曾经做过什么。而现在他的精神几近崩溃，这一切只因为她一时心血来潮。

"亲爱的，"她站在他面前说，"我不想再到你的祖国去了，我知道你也不想。"

"不……不……"他结结巴巴地说，努力想说点儿什么。

"别说了，"她说道，"我要按照我的方式做事。车夫，掉头，带我们回家吧！"他们再次登上马车。当马儿开始小跑起来的时候，撒旦从树后蹿了出来，漫无目的地向空中喷了一口毒液，然后又钻进了地上的洞里，那是他出来的地方。

词汇与句子

· 利用已经掌握的一系列策略，让学生学习下列单词，并测试他们拼写这些单词的能力：

1. frequent（频繁的），comrades（战友），beloved（亲爱的），fractious（暴躁的），butterflies（蝴蝶），disguises（化身），astrological（星座），acquisition（获得），magnificent（壮观的），luxury（奢华的）。

2. exchange（交易所），enormously（极大），millionaire（百万富翁），associates（伙伴），accompanied（陪着），diabolical（令人厌恶），ruined（毁掉），ordinary（普通的），frontier（边界），hesitation（犹豫）。

3. resonated（回荡），atmosphere（气氛），solemnity（庄严），proclaimed（宣告），poisonous（有毒的），slithered（钻），tragic（悲剧），traditional（传统的），excuses（借口），loose（挣脱），lamenting（悲痛），nervous（精神崩溃的），wreck（崩溃），wriggled（钻进）。

· 在读这些单词时，要特别强调每个音节的发音，询问学生这些单词包含几个音节。

· 两人一组查字典，相互检查拼写是否正确，并找出词语释义。

· 再测验一遍，掌握拼错的单词，并提出问题：为什么会错？有什么规律吗？

· 复习"主动"语态和"被动"语态：

1. 主动语态——将作用于某物的人或物作为主语的句子或者短语（例如故事的第8—9行："他正沿着小路……"）。

2. 被动语态——将动词所施加的对象（人或物）作为主语的句子或者短语（例如故事的第4—5行："他目睹了太多战友在毫无意义的战争中丧生。"）。

· 两人一组，读至少30行的内容，用红笔画出表示主动语态的动词，用蓝笔画出表示被动语态的动词。

· 全班一起讨论，让学生判断：迪米特里和撒旦谁是更主动的一方，有哪些方法可以证明这个结论？

阅读

· 分组研究关于叙事结构的问题：

1. 作者用了哪些短语来表明时间或者时间的流逝？例如："那是……傍晚"，"三天之后……"。

2. 作者如何表明故事情节发生变化？例如："他（迪米特里）连夜赶路。"说明这里是一段旅程。

3. 作者如何成功地呈现撒旦的各种伪装？让学生比较作者引出撒旦的不同方式。读者是否能立刻知道那是撒旦？还是在一开始渲染比较神秘的感觉？展开讨论。

写作

· 讨论这个故事的两种不同结局。学生更喜欢哪一个？哪个结局更现实？让学生自己为故事撰写结局。

· 告诉学生：《士兵的小提琴》是很多关于主人公"将灵魂出卖给魔鬼"的故事中的一个。这里的灵魂可以代表对主人公而言十分珍贵的东西。让学生根据这个主题，设计并撰写一个故事。

· 让学生留意一些表现时间或者时间流逝的写作手法、故事情节的变化，以及撒旦的出现方式。

· 让学生撰写一份故事情节总结、人物角色研究，或者对故事的评论，然后拿给其他班级的同学读一读。

舞蹈与戏剧

· 组织学生根据故事情节即兴创作一出集体话剧。

· 等学生的话剧创作完成后，将其写成一部剧本，并与最初的故事进行比较。是否需要对剧本进行修改？例如：台词是否足够生动有趣，或者足够有感染力？

· 在学校演出完成的剧本，可能的话邀请观众观看。

绘画

· 分组制作大型墙壁挂画，用于表现剧中的每个场景。内容可以是地点，例如佩内洛普的卧室；或者是更抽象一些的场景，例如用彩绘的图案表现迪米特里绝望的感觉。

音乐

· 让学生创作插曲，表现故事情节的转变，或者引出每个新场景。

参考文献

1. Goody, J.（1992）'Oral culture' in Bauman, R.（ed.）*Folklore, Cultural Performances and Popular Entertainments*, 12. London: Oxford University Press.

2. Goody（1992）12.

3. David, A. and M. E.(eds.)（1964）'Introduction', *The Frog King and Other Tales of the Brothers Grimm*. New York: Signet

Classics.

4. Zipes,J. （1983） *Fairy Tales and the Art of Subversion*,10. London:William Heinemann.

5. Carter, D. （1987） *The Odyssey Project*. Mold: Clwyd Education Authority.

6. Propp,V. （1982） *Theory and History of Folklore*. Manchester: Manchester University Press.

7. Bettelheim. (1976) *The Uses of Enchantment*. Harmondsworth: Penguin Books.

8. Bettelheim （1976） 7.

9. Zipes （1983） 12.

10. Bettelheim （1978） 8.

11. Bettelheim （1978） 37.

12. Bettelheim （1978） 37.

13. Bettelheim （1978） 37.

第五章

经典文学的学习方法

The classical inheritance

🏹 何谓"经典"？

像许多词汇一样，"经典"（classic）这个词也从特指逐渐变成了泛指。你可以用这个词任意搭配其他的词，甚至可以搭配香烟品牌，比如"经典万宝路"（Marlborough Classic）。任何语言中都有某些特定词汇具有这样的性质，即词汇与意义之间存在某种变色龙一样的适应关系。"经典"正是这些特定词汇中的一个。于是"经典"一词被人们广泛使用在社会的方方面面。这个词既有主流用法，（在年轻人中间）又有亚文化用途。所以在踏入千禧年门槛后的英国，我们很可能听到这样的话："你喜欢我的李维斯501（Levi 501's）吗？超经典！"或者这样："贝克汉姆（Beckham）成功摆脱对方两人，送出一记绝妙传中。约克（Yorke）无人防守，将球顶进球门上方死角。经典进球！"

"经典"一词有两个比较主流而且相互关联的含义。这两个含义一方面表示"质量高"，另一方面则表示"传统"。在上面两个例子中，牛仔裤和那颗进球不仅质量高，还有一层意思就是它们都与过去颇有渊源。牛仔裤不仅有着相当长的历史，而且与舒适、耐穿和时尚的裤装传统十分契合。那颗进球则在两个方面大有来历。首先，突破对方防守的传统战术正是"走边路"或者"边路盘带"然后再精准传中。因此，大卫·贝克汉姆（David Beckham）复刻了斯坦利·马修斯（Stanley Matthews）曾经做过的事情。第二处致敬传统的地方则是前锋约克骗过对方后卫，偷偷溜到他们身后将传中球顶入球门，令守门员措手不及。此时的约克就是斯坦·莫滕森（Stan Mortensen）。所以说，在某种程度上，高质量的东西由于坚持传统而更添品质。传统意义的重要性就相当于用盖章的方法给予认可，为我们做判断提供辅助，毕竟评判全新的事物是十分棘手的。从某种意义上说，我们必须创造一套自己的评判标准，除非我们可以坦然接受自己只是因为喜欢就说某样东西"很棒"。

然而"经典"这个词最初指的是大多数人很少或根本没有体验过的东西，即古希腊和罗马的艺术作品。"经典"一词之所以重要，是因为这类艺术在 15 世纪和 16 世纪彻底改变了欧洲本土文化的发展轨迹。正是对它们的发现引出了文艺复兴，进而影响了之后数个世纪的艺术、文学、音乐、戏剧、舞蹈和建筑发展。"经典"一词也指专为充满抱负的中产阶级提供的一整套教育体系。因此，根据微软《英卡特百科全书》（*Encarta Encyclopaedia*）的定义，虽然"经典"一词"主要用于表示和描述具有某种类型、风格或在某个时期创作的作品"，即指"质量最高的任何古希腊或古罗马文学作品"，但它更常见的用法是指称"任何被公认为卓越典范或具有持久的文化相关性和价值的作品"。[1]

这个定义中的"卓越典范"和"持久的文化相关性"，为应当纳入小学课堂的作品提供了一个极具价值的评判标准，或者说基准。事实上我们已经开始采用这样的标准了，正如我们在克里斯·波林（Chris Powling）的文章《论小熊维尼的经久不衰》（On the Permanence of Pooh）中所读到的那样。尽管波林承认小熊维尼的故事里存在某些过时的内容，但他毫不怀疑这些作品具有持久的吸引力。它们有一种"熠熠生辉的'我跟你说什么来着'的特质，浅显易懂……语言娴熟……在讲故事上颇为成功"。但最重要的是，"小熊维尼创造的世界是独一无二的，可以完全自我运行。是的，它是一个与我们的世界极其相似的世界……但是在很大、很大程度上它更像是自成一体的"。[2]

波林在这篇文章中不仅认可了小熊维尼故事的质量，更指出故事里的"世界"具有持久的相关性。之所以说那个世界具有相关性，是因为它既像我们的世界，又忠于自身。当前，这样的标准同时适用于一般类型的虚构文学作品和专为儿童创作的作品。这就提出了一个更进一步的问题：这两者之间是否有本质区别？无论是童话和民间故事，还是神话与传说，都不是专为儿童创作的。事实上，除了教科书，直到18世纪40年代才有了专门面向儿童出版的书，那也不过是250年之前的事。在此之前，会阅读的儿童都是读写给成年人的书。即便在那之后的许多年里，也一直没有专为儿童创作的小说作品。

对于这个问题，我们有必要看看那些在19世纪崭露头角的作家在童年都读些什么书。比如小说家乔治·艾略特（George Eliot）小时候最珍视的书之一是一本关于鸟类的书，名为《红雀的一生》（*A Linnet's Life*）。她在谈到这本书时说："当我把它捧在小手上一遍又一遍地读时，感到非常开心。我觉得那些插图真美，特别是红雀喂养幼鸟的那一幅。"[3]

约翰·克莱尔（John Clare）出身贫寒，他最初读的是"6分钱的小册子，每一个上门叫卖的小贩手里、集市和市场上的每个书摊上都有的那种"。[4]这样的小册子任何人都可以读，主要内容是一些民间故事和歌谣。在两位作家的童年经历中，都没有专门为儿童写的小说。

在儿童小说成为一种独立类型之前，最受孩子们喜爱的作品当数乔纳森·斯威夫特（Jonathan Swift）的《格列佛游记》

（*Gulliver's Travels*）。夏洛蒂 · 勃朗特（Charlotte Brontë）在记叙简 · 爱（Jane Eyre）童年的阅读习惯时，曾提到过这本书具有的吸引力，这是一段非常有趣的描述。简曾短暂地读过一阵比伊克（Bewick）的《英国鸟类史》（*History of British Birds*），也会偶尔读理查森（Richardson）的《帕梅拉》（*Pamela*），还曾试着阅读历史类书籍。但她最享受读斯威夫特的小说："这本书我读了一遍又一遍，读得很开心。我将其视为对事实的记叙，并发现对它的兴趣要更甚于对童话故事的兴趣……"[5]

10 岁的简 · 爱继续发表自己的看法，说自从尝试在花朵和树叶下寻找精灵或仙女的努力以失败告终，童话故事能够给她带来的乐趣就日渐减少。然而她却真切地相信利立浦特（Lilliput）和布罗卜丁奈格（Brobdingnag）都是"地球表面实际存在的地方"，"终有一天，经过漫长的旅行"，她也很有可能"亲眼看到"。[6]

其中所体现出的那种"更甚于对童话故事的兴趣"，让我们看到了波林所谓"持久性"概念的变体。利立浦特和布罗卜丁奈格这两个世界"和我们的世界极其相似……但是在很大、很大程度上它更像是［自成一体的］"。一方面，它们的存在依赖于现实世界的人和环境的真实面貌；另一方面，它们又因各自具有的特点和结构而自成一体。例如，利立浦特在揭露 18 世纪英国统治阶级心胸狭隘的真相的同时，也虚构了那里的人"身高不足 6 英寸"这个事实。在《格列佛游记》中，斯威夫特尤其擅长打造"和我们的世界极其相似"但却"更像是自成一体"的异域世界。这在很大程度上归功于他的写作风格。斯威夫特决心用旅行日记的风格来创作这部讽刺小说，任何可以认字的人都能读懂它，并接纳它的"真实性"。散文体是事实性写作的完美范例，但其中也包含了最令人难以置信的"事实"。这样一来更能凸显讽刺的尖锐性，整部作品也更具有可读性。毫无疑问，简·爱觉得这本书很好读，于是她"一遍又一遍"地读，并坚定地相信它的真实性。[7]

《格列佛游记》是一部"经典"的虚构文学作品，这一点没有人会提出异议。它同时也是儿童小说中的"经典"。它满足任何关于"经典"一词的定义，除了它并非古希腊或古罗马的作品。但即便在这层意思上，它在一定程度上也属于18世纪新古典主义的产物。话虽如此，就某种意义来说，光有"经典"仍然不够。教师一定要提出这样的问题："为什么应该在学校的课堂上教这样的作品？"

🎯 小学为什么应当开设经典文学课？

另一个经常用来替换"经典"的词是"伟大"。于是我们说莎士比亚的作品是"伟大"的，莎士比亚本人也是"伟大"的。当一部作品称得上"伟大"，必然有人紧随其后提出"应该把它教给学校里的孩子们"。这正是考克斯委员会（Cox committee）在制定"英国国家英语课程要求"（the National Curriculum orders for English）时的一项重要标准，也被用来证明将相关作品纳入英语课程大纲的正当性。[8]只不过，这个理由建立在了错误的观念之上。教育并不是继承伟大遗产的行当。用"伟大作品"来上英语课，最可能导致的结果是学生再也不想读这些作品。因为这样的作品一旦被用于教学，总免不了带有某种这可是"伟大作品"的心态。以这样的心态来看待一部作品，比如《格列佛游记》，就只会将其视为 18 世纪启蒙运动的伟大里程碑，我们必须让孩子学习它。换句话说，我们会搞错教育天平的重点，只关注作品的伟大，而忽略作品在教学上的要求。

一部文学作品，尽管本身可以是"伟大"的，但拿到小学课堂上却未必能继续"伟大"。只有当它切中孩子的兴趣点、符合他们的心理需求和理解水平时，它才会成为适合孩子的好课本。不过，如果为儿童提供的读物符合这三点要求，但本身内容质量不高并因此缺乏挑战性，同样也是不合适的。任何文学作品，如果在具有一定文化门槛的同时又能满足儿童的发展需求，它就可以称得上伟大。一部作品的伟大之处，在于它跳脱故事本身提出了更高级别的挑战，提供了窥探人生各种境遇的渠道，这些境遇或许触手可及，或许会与自己保持一段距离。

绝大多数儿童对肥皂剧（soap operas）表现出痴迷也就是最近 10 年的事情，或许还会更早一些。这件事我们可以从两方面解读。如果抱着"伟大作品就是宝贵遗产"的心态来看，肥皂剧"拉低"了人们的品味。这种论调每个人都听过。我们中间很多为人父母或为人师者也持这个观点。我们担心孩子每天晚上都看《左邻右舍》（Neighbours），或者每周看两三次《东区人》（Eastenders），导致他们的鉴赏力下降。周六的早上，小孩子听着电视里的人东拉西扯，穿着睡衣躺在那里，双手抱着一碗早餐麦片，这时的我们不禁担心他们正在失去我们所学会的技能。但事实往往与此大相径庭。我们需要扪心自问，为什么孩子总是如此轻松就被故事里的那些大龄青少年甚至是成年人面临的困境"迷住"，而我们一向认为那些问题远远超出了童年的范畴。毫无疑问，我们想错了。正是在这些孩子当中，有些人也会一头扎进托尔金的《指环王》（*Lord of the Kings*），或者迷上改编自简·奥斯汀（Jane Austen）《理智与情感》（*Sense and Sensibility*）的电视剧。

几百年来，成年人一向不信任儿童在小说取舍问题上的判断力。我们中间的绝大多数人都难辞其咎。许多家长认为孩子就该读"U 级" [1] 的故事。但是，如果要给《格列佛游记》分级，参照诸如是否存在不雅内容的标准，那么该书第二卷（关于布罗卜丁奈格）、第三卷（关于拉格多科学院）和第四卷（关于耶胡社会的性行为）中的许多段落都应该归入"18 级"。即使是第一卷（关于利立浦特）的内容，单凭格列佛用一泡尿把火扑灭的情节，就应当将其从"U 级""PG 级"和"12 级"的行列剔除！

童年时期的一个重要兴趣点和需求就是：了解成人世界。在《理智与情感》中，二妹玛丽安（Marianne）受伤时，11 岁的三妹玛格丽特（Margaret）被叫去准备冷敷的东西。她走时要求道"我不在的时候别说任何重要的事"⁹，这样的呐喊大多数孩子都会表示由衷地赞同。所以说，成长的一部分内容就是接受成长这件事本身。这并不意味着孩子就该"失去"他们的"童年"，或者过早变得老成，而是意味着应当允许儿童充分接触各种人生境遇，而不仅仅是童年的境遇。在小说里遭遇这些东西反而是一种安全的方式。在故事里，孩子们是受到保护的，他们不会真正遭受各种行为的后果所产生的影响，同时又

---

[1]　编者注：英国视听产品分级制度 U 级，指普通级，适合所有人。下文 18 级、PG 级、12 级分别指适合 18 岁以上人群、家长指导级（在家长陪同下）、适合 12 岁以上人群。

能亲自体验这些行为，了解这些行为背后的原因和后果。与各种体验的间接接触正是小说的目的之一。

这些争论的意义就是，我们需要摒弃"儿童小说"这个定义，将范围扩展到"面向儿童的小说"。我们应当指出：专门为儿童写的小说是不够的，它们所能提供的关于过去、现在和未来世界的经验是不足的，无法达到应有的高度，无法匹配我们的孩子应有的完美境界。总而言之，儿童充分接触专门为他们写的各类虚构文学作品显然是有必要的。但与此同时，他们也需要并且也值得接触那些已经成为文化砥柱的"伟大"作品，不仅要读罗尔德·达尔（Roald Dahl）的作品，也要读查尔斯·狄更斯的作品，不仅要读《汤姆的午夜花园》（*Tom's Midnight Garden*），也要读《暴风雨》（*The Tempest*）。

✂ 读写策略课程示例

本章介绍的读写策略课程在文章内容的选择上尽量满足上述要求。就本书作者的观点和经验来看，为每个年龄组选择的文章同时满足了内容优秀、具有传统可接受性这两项要求，属于没有明显与众不同之处、中规中矩的选择。从想娶一位真正的公主的王子，到在风暴中遭遇海难的王子，内容涵盖小学全年龄段。

应遵照下列方式为学生介绍每一部经典作品：

· 选取文中两段内容，制作成较大篇幅的海报。

· 给学生读故事。从二年级开始按章节读。对于学前班和一年级学生，可以让他们一起朗读。

·概述故事要点，确保学生记住每个章节的内容。

·两人一组或多人一组复述故事内容，听者进行纠正。

·每次开始新章节之前简要回顾一下前面的故事内容。

·分组背诵文章节选，每天进行简短排练。为学生提建议，确保发音正确。

·教学生如何根据不同角色、标点符号和重音的要求改变自己的声音。留出时间不断尝试。

·如果各组在朗诵段落时能够做到发音清晰、表达到位，就可以在全班面前进行表演。

·单词和句子级别的任务主要围绕从文章中节选出来的两段内容展开。也可以用更多章节进行练习。

围绕每个故事完成任务，并在最后安排下列形式的集体活动或分享活动：

·经常复习单词任务内容，定期诵读，注意发音。

·让学生练习用自己的话复述故事内容，朗读节选内容，并注意标点符号的使用。

·排演戏剧和舞蹈，可以邀请别的班级的同学观看，也可以演奏乐器。

·在教室或走廊墙壁上展示学生的艺术作品。

·将学生习作结集成册并展出。

学前班：第三学期。安徒生（Hans Andersen），《豌豆公主》（The Princess and the Pea）[10]

虽然安徒生的童话故事借鉴了民间传说，但他的处理方式和其他人相比有所不同，比如和格林兄弟就不太一样。格林兄弟努力让他们所讲述的故事尽可能地忠实于原始版本。而安徒生则自成一派，他写故事"……的方式和给孩子讲故事的方式是一致的"。[11] 安徒生的另一个不同之处在于，他的许多故事取材于文学作品，而不是口传故事。他的故事在措辞上也与众不同，完全就是他自己的口吻。他的故事具有较强的文学性，风格独特。以下是《豌豆公主》的全文。

文章

从前有一位王子。他想要娶一位公主为妻，但那必须是一位真正的公主！于是他遍寻世界各地，但无论走到哪里，他总觉得心里没底。公主倒是遇见很多，但他无法知道她们究竟是不是真正的公主。总有一些状况让他无法确定。于是他返回家里，心情沮丧，因为他渴望娶一位真正的公主。

一天夜里下起了可怕的暴风雨。电闪雷鸣，大雨倾盆！真是令人心惊肉跳！这时，有人叩响城门，老国王出去把门打开。

一位公主站在门外。天哪，大雨和这糟糕的天气让她那么狼狈！水顺着她的头发和衣服淌了下来，流进她的鞋尖，又从她的脚跟流出。但是，她说她是一位真正的公主！

"好吧，我们很快就会知道的！"老王后这样想着，但她什么话也没说。她走进卧室，拿走床上所有的被褥，在床板上放了一粒豌豆。然后，她将20层床垫盖在豌豆上，又在床垫上面铺上20层羽绒被。当晚公主就睡在那上面。

第二天早上，他们问她睡得怎么样。

"哦，太惨了！"公主说道，"我几乎整晚都没合眼！天知道我床上有什么！我躺的床上有什么东西很坚硬，硌得我浑身青一块紫一块的！简直太可怕了！"

这时他们可以确定这正是一位真正的公主，毕竟隔着20层床垫和20床羽绒被，她依然感觉到了那颗豌豆的存在。只有真正的公主才能拥有如此娇嫩的皮肤。

于是王子娶了这位公主为妻，因为现在他确信他有了一位真正的公主。那颗豌豆则被放进了博物馆，如果没有人将它拿走的话，现在还可以在那里看到它呢！

看，这可是一个真实的故事！

词汇与句子

· 制作几张大的标签，分别写上 prince（王子）、princess（公主）、old king（老国王）和 old queen（老王后）。

· 再制作几张大标签，分别写上 storm（暴风雨）、pea（豌豆）、bed（床）。让学生为这些标签配图。

· 数到 20。每个学生用一个小盒子代表"mattress"（床垫）。用较厚的布料充当"quilts"（被子）。学生按"20 个"将它们堆在一起。

· 提醒学生注意：he, wanted, true, went, find out, very sad, she, bad, off, her, put, on top, sleep, hard。按字母顺序排列这些单词或词组并写在一张海报上，让学生在海报上画画。

· 将故事内容印在一张大纸上，学生发现以上某个单词时可以随时报告。

· 将下面的几句话用大写字母写在纸条上并展示给学生看："There was once a prince."（从前有一位王子。）；"It was really frightful!"（真是令人心惊肉跳!）；"'Well, we'll soon find that out!'"（"好吧，我们很快就会知道的!"）；"There the princess was to sleep that night."（当晚公主就睡在那上面。）；"'Heaven knows what was in my bed!'"（"天知道我床上有什么!"）；"Only a true princess could have such delicate skin."（只有真正的公主才能拥有如此娇嫩的皮肤。）；"See, this was a true story!"（看，这可是一个真实的故事!）。

· 让学生在纸上找到上面的句子并指出来。

· 提醒学生注意大写字母和句号。他们还能发现其他哪些特殊符号？

阅读

· 让学生：

1. 想象并描述"真正的公主"到达城门的情景。

2. 想象她在王宫睡觉的第一晚。应该是怎样的？她会有什么感觉？

3. 分享夜里没睡好的故事。

· 让学生根据下列主题画画：

1. 王子"遍寻世界各地"；

2. 王子在家心情沮丧的样子；

3. 公主来到城门前；

4. 老国王让她进去；

5. 老王后在整理床铺;

6. 公主睡在上面;

7. 公主告诉他们自己睡得多么不舒服;

8. 王子和公主结婚了。

· 让学生给这些图片编号,分别是 1 至 8 号,并用文中的短语给图片标注,例如用"All around the world"(遍寻世界各地)给 1 号图片标注,用"Very sad"(心情沮丧)给 2 号图片标注,等等。

· 用这些图片作为故事板,让学生按顺序排列图片。

写作

· 两人一组,根据下列内容编写新故事:

1. 公主从哪里来。

2. 王子和公主的儿子或者女儿做了什么。

3. 一只神奇的鸟来到宫殿。

舞蹈、戏剧与音乐

· 在学校礼堂里做游戏:

1. 寻找"真正的公主"。学生各自踏上寻找公主的旅程。他们的旅行方式是什么?是骑马、乘车、坐船、坐飞机,还是坐火箭?他们都要去哪里找?他们找到公主的地方是什么样子的?如果可以的话,让学生两人一组——男孩和女孩一组。女孩要想象自己是公主,当男孩踏上旅程的时候,女孩正在做什么?为什么她们不是"真正的"公主?什么叫作"总有一些状况让他无法确定"?

2. 制造风暴。如何表现"电闪雷鸣""大雨倾盆"的场景？学生还可以用打击乐来呈现这些效果。

3. 睡在不舒服的床上。学生躺下来，发明不同的方式来表现在床上感到不舒服的情景。夜里他们会如何自言自语？第二天早上，他们又会对别人说什么呢？

· 学生四人一组，重现下列场景：老王后铺床，公主睡在床上，第二天早上公主、王子、老王后和老国王碰面。

绘画

· 让学生画出他们最喜欢的故事片段或故事角色。

一年级：第三学期。A.A. 米尔恩（A. A. Milne），《维尼发明新游戏》（*Pooh Invents a New Game*）[12]

文章
节选 1

有一天，维尼、小猪（Piglet）、瑞比（Rabbit）还有小豆（Roo）正在玩"维尼木棍"（Poohsticks）的游戏。他们把棍子扔进小河，瑞比说："快！"然后他们急忙跑到桥的另一边，趴在栏杆上等着看谁的棍子会先被冲过来。只不过这个过程有点儿漫长，因为那天的河水懒洋洋地流着，似乎并不介意能不能将木棍带到另一边。

"我看见我的了！"小豆叫道，"哦，看错了，是别的什么东西。你看见你的了吗，小猪？我以为能看到我的，但还没有。它在那儿！哦！又不是。你看见你的了吗，维尼？"

"我猜我的木棍卡住了。"小豆说。

"瑞比，我的棍子卡住了。小猪你的那根卡住了吗？"

"它们花费的时间总是比你想象的要长。"瑞比说。

"你认为那需要多长时间呢？"小豆问。

"我看到你的了，小猪。"维尼突然说道。

"我的那根是灰色的。"小猪说。他不敢把身子探出去太多，生怕掉进河里。

"是的，我看到的就是它。它往我这边漂过来了。"

瑞比把身子探出去老远，瞧着他的那根木棍。小豆则上下扭动着身体喊道："加油，棒子！棒，棒，棒！"小猪非常兴奋，因为他的木棍是唯一一个被发现的。这意味着他赢了。

"漂过来了！"维尼说。

"你确定那是我的吗？"小猪兴奋地尖叫着。

"是的，因为它是灰色的。很大，很灰。来了来了！一根很——大——很——灰的——哦，不，不是木棍，是屹耳（Eeyore）。"

屹耳从水里浮了出来。（第10至第12页）

节选 2

"跳跳虎（Tigger）呢？"瑞比问。

屹耳还没来得及回答，大家身后就传来一声巨响。跳跳虎从树篱中钻了出来。

"大家好！"跳跳虎高兴地说。

"你好，跳跳虎。"小豆说。

瑞比突然变得郑重起来。

"跳跳虎，"他严肃地说，"刚才怎么回事？"

"什么刚才？"跳跳虎有点儿不自在地说。

"就是你把屹耳弹到河里的那个刚才。"

"我没有把他弹到河里。"

"你弹我了。"屹耳没好气地说。

"我真的没有。我在咳嗽，正好又站在屹耳身后。我就是这样'啊——噗——啾'。"

"怎么回事？"瑞比一边说一边把小猪扶了起来，掸掸他身上的灰。"没关系的，小猪。"

"吓了我一跳。"小猪紧张地说道。

"这就是我说的被弹了一下。"屹耳说。（第 23 页）

词汇与句子

节选 1

· 将下列单词抄在展示板上：**ay**—day；**ey**—greyish，grey；**oo**—Pooh，Roo；**ck**—stick，stuck。

· 让学生在文章中找到以上单词并举出更多例子，经常诵读这些发音和单词。

节选 2

· 将下列单词抄在展示板上：**ee**—Eeyore，cheerfully；**ou**—loud，bounced。

· 让学生：

1. 找出含有双写字母的单词，例如 Tigger、Eeyore、Hallo、little，并列出来。

2. 练习朗读由单字母构成的单词和由双写字母构成的单词，尝试读出两者在发音上的不同。

阅读

· 两人一组，讨论如何玩"维尼木棍"这个游戏。然后在全班展开讨论。

· 同学们都知道哪些有趣的游戏？规则是什么？

· 让学生对小熊维尼、小豆、屹耳、瑞比和跳跳虎等角色做出简单的陈述，例如："小豆是一只小袋鼠"。进一步拓展，方法如下：阅读原文第 11 页和第 12 页，其中有很多关于小豆的话，然后问大家"关于小豆你还能说点儿什么？"。

· 两人一组，选出每一集中最重要的情节并记录下来（老师可以帮忙）。

写作

· 让学生用自己的话写一写最喜欢的故事情节，并且写出最喜欢这个部分的理由。可以参考前面的笔记。

· 两人一组，先口头编一个关于小熊维尼的故事，再讲给其他人听，最后把故事写下来。

舞蹈与戏剧

· 让学生模仿不同角色的移动方式并进行比较，例如：与屹耳相比，跳跳虎的样子和移动方式是这样的。继续就此展开讨论。

· 用默剧表演的形式来朗诵故事，然后将文章作为剧本，排演小短剧。

· 条件允许的话可以带学生找一条小河，在桥上玩真正的"维尼木棍"游戏！

绘画

· 让学生：

1. 临摹谢泼德（Sheppard）创作的角色肖像。

2. 通过直接观察或想象，自行创作绘画作品，表现故事发生的地点。

音乐

· 让学生用打击乐器、人声和身体动作创作声音图片，表现下列场景：

1. 屹耳在河里来回绕圈。

2. 屹耳被跳跳虎（的咳嗽）"弹开"，然后掉进了河里。

二年级：第三学期。奥斯卡 · 王尔德，《自私的巨人》（The Selfish Giant）[13]

文章
节选 1

每天下午，孩子们放学回家的路上，总爱顺路到巨人的花园里去玩。

这个花园又大又好看，绿草如茵，草坪上到处都盛开着美丽的花朵，就像点点繁星。有 12 棵桃树生长在这里。春天的时候，粉红色和珍珠色的娇嫩花朵绽满枝头；到了秋天，树上又会结出累累硕果。鸟儿们落在树枝上，唱着婉转动听的歌，孩子们常常停下游戏，听得入神。"在这儿可真开心啊！"他们欢叫着。

一天，巨人回来了。他才去拜访了住在康沃尔的（Cornish）食人魔，和他一起住了7年。7年之后，他把能说的话都说完了，因为他原本就不太爱讲话，于是他决定回到自己的城堡去。到家时，巨人正好看到孩子们在花园里玩耍。"你们在我这儿干什么！"他粗声粗气地叫道，孩子们一哄而散。

"我的花园就是我一个人的！"巨人说道，"谁还不明白这个道理。除了我自己，任何人都不准在里面玩。"于是，他在房子周围筑了一堵高高的围墙，还挂了一块警示牌："禁止入内 违者严惩"。

他是一个非常自私的巨人。（第27页）

节选2

"不明白为什么春天这么晚还没来。"自私的巨人坐在窗前，望着外面被严寒笼罩、白雪皑皑的花园。"我真希望能换个季节。"

但是春天始终不肯前来，夏天也不见踪迹。秋天给每一座花园都送去了金色的果实，但对于巨人的花园她却丝毫没有馈赠之意。"他太自私了。"秋天如是说。于是，只有冬天长久地霸占着巨人的花园，北风、冰雹、白霜和雪花在树间绕来绕去，恣意飞舞。

一天早晨，巨人醒来后躺在床上，突然听到一阵美妙的乐声。这乐音是那么悦耳，他猜一定是国王的乐师途经此处。其实那只是一只小红雀在他窗外鸣叫。但是他毕竟已经太久没有听到过花园里鸟儿的歌唱，这让他觉得那简直是世界上最动人的声音。这时，冰雹不再在他头上飞舞，北风也停止了怒吼，一股扑鼻的芬芳从敞开的窗子飘进来。"我想春天这下终于来了。"

巨人说道。他一下子从床上跳起来向外看去。

他看到了什么？

他看到了最美丽的景象：围墙上有一个小小的洞，孩子们纷纷从洞外爬了进来。现在他们正攀坐在桃树的枝丫上。他看到每一棵树上都有一个小孩。大树看到孩子们回来了欣喜万分，赶忙在身上铺满花朵，又在孩子们的头顶上轻柔地挥动着树枝。（第 29 至第 30 页）

词汇与句子

节选 1

· 将下列单词抄在展示板上：**oo**—afternoon, school; **ee**—green, trees, sweetly, been; **ow**—flowers, How, allow。让学生在文中找到这些词。

· 注意"ogre"（食人魔）这个词。学生还能找到哪些代表怪物的词？将找到的词列在一张单子上，并根据这些词画出怪物的样子。

· 注意单词"gruff"的拼写。学生还知道哪些发音相同的词？这些词是如何拼写的？制作一张带有 **-uff** 和 **-ough** 的单词表。

· 学生思考并讨论："禁止入内 违者严惩"是什么意思？

节选 2

· 将下列单词抄在展示板上：**ou**—sounded, outside（与 **ow** 对比）；**ough**—Through（与上面的 **ough** 对比）；**ai**—Hail。让学生在文中找到这些词并进一步举例。

· 写下巨人说过的三句话。

· 分组将陈述句变成问句，例如："I hope there will be a

change in the weather."（我真希望能换个季节。）—"Will there be a change in the weather？"（能不能换个季节呢？）。

阅读

· 读这个故事的时候，在"他看到了什么？"这个地方（即春天来到花园的时候）停顿一下。让学生想象一下巨人看到了什么，并预测接下来会发生什么。

· 让学生：

1. 利用书的封面信息、百科全书和 CD-Rom 等工具，尽可能挖掘有关奥斯卡 · 王尔德的资料，并与大家分享。

2. 分享听到过的关于巨人的其他故事，并说一说那些故事与奥斯卡 · 王尔德的这个故事有何不同。

3. 读一读奥斯卡 · 王尔德写的其他故事，并与《自私的巨人》进行比较。

4. 或者阅读其他关于巨人的故事并做比较 。

写作

· 学生构思一个关于巨人的故事，方法如下：

1. 这是个什么样的巨人？他长什么样？他做了什么事？他会经常"嘿，嗨，吼，哈"这样说话吗？他是好人还是坏人，又或者像奥斯卡 · 王尔德笔下的巨人一样好坏兼而有之？

2. 故事里还有哪些角色？

3. 故事发生在哪里？

· 让学生口头编个故事，方法如下：

1. 闭上眼睛想象这个巨人，想象他居住在什么地方，想象其他角色。

2. 最开始发生了什么？这个巨人做了什么？你的巨人遇到了什么事情？

3. 接下来又发生了什么？继续往下想象。

4. 让学生想象出一系列事件。

5. 当他们在脑子里构思好一个故事后，就可以把它讲给自己的搭档听。

· 让学生根据下列原则撰写故事：

1. 要描述巨人的外貌、其他角色的外貌，以及故事发生的地点。

2. 要安排这些角色说话。

3. 继续往下写。（给学生充足的时间。）

舞蹈与戏剧

· 让学生模仿巨人的样子，包括：

1. 他粗声粗气地讲话的样子；

2. 他表现得十分友好的样子；

3. 他为男孩的遭遇震怒的样子；

4. 他悲伤的样子。

· 让学生思考下列问题：

1. 他待着的时候什么样？

2. 他走路的时候什么样？

3. 他可能做出哪些动作？

· 让学生模仿巨人从粗暴到善良的样子，排成一队展示"自私的巨人"。

· 探索春、夏、秋、冬的外貌、行动和举止。当秋天说"他太自私了"的时候是什么样子？如果其他几个季节也说话，他们会说什么？

· 探索北风、冰雹、白霜和雪花是如何"在树间绕来绕去，恣意飞舞"的。

· 将学生的各种动作发展成手持道具的舞蹈。

· 让学生为这些气候安排合适的台词或者可以发出的声音。

· 各组即兴创作，表现故事中的偶遇场景。

· 为观众排演一出充满戏剧性的表演。

音乐

· 用音乐来配合舞蹈，方法如下：

1. 预先录制好配乐，并确保学生了解作曲家的名字、流派和年代。

2. 让学生用简单的乐器来创作音乐，留出足够的时间去探索各种乐器，包括探索声音和肢体语言。

· 通过这部作品探索一些反义词：gruff–gentle（粗声粗气—温柔），arm–cold（温暖—寒冷），soft–harsh（温柔—苛刻），kind–unkind（善良—刻薄）。

绘画

· 展示伟大的画家以花园为主题创作的作品，比如莫奈（Monet）的花园等，方法如下：

1. 学生就作品进行探讨。

2. 告诉他们，作品展示的是人们第一次看到花园时的印象。

· 让学生:

1. 探索文中对花园在不同季节的景色的描述，例如：关于春天，我们看到了绿草如茵、花朵如星星一般、桃花盛开等景象。

2. 决定想要画出哪个季节的"巨人的花园"。

3. 复制故事中的描述。

4. 坐下来想象花园的景象。

5. 画出草图，表现希望作品呈现哪些基本特征。

6. 调出想要的颜色。

7. 绘制他们的花园。

8. 完成作品后，或许可以在画上增添一些人物角色。

三年级：第三学期。L. 弗兰克 · 鲍姆（L. Frank Baum），《绿野仙踪》（*The Wizard of Oz*）[14]

文章
节选1

小老太婆将石板从鼻尖上挪下来，读了上面的字后问道："你叫多萝西（Dorothy），是不是，我的小可爱？"

"是的。"女孩抬起头，擦干眼泪答道。

"看来你必须到翡翠城（the City of Emeralds）去。奥兹（Oz）或许可以帮你。"

"这个翡翠城在什么地方啊？"多萝西问。

"它就在这个国家的中心，由奥兹统治着，就是我告诉过你的那个大魔法师。"

"他是个好人吗？"女孩急切地问。

"是个好魔法师，但是不是人我就说不准了，因为我从来没有见过他。"

"那我怎样才能去那儿？"多萝西问。

"你必须走路去。这段路程可是很远的，你要穿越整个国家，那地方有时候挺好，有时候却充满黑暗与危险。不过，我会用我所知道的一切魔法来保护你免受伤害。"

"你不和我一起去吗？"小姑娘恳求道，她已经开始把这个小老太婆当作她唯一的朋友了。

"不行，我不能那样做，"她回答说，"但是我可以给你一个吻，没人胆敢伤害被北方女巫亲吻过的人。"

她走到多萝西身边，轻轻吻了一下她的额头。就在她的嘴唇触碰过女孩的地方，留下了一个圆圆的、闪亮的印记。多萝西不久后便发现了这一点。

"通往翡翠城的路是用黄砖铺成的，"女巫说，"你迷不了路。等你到了奥兹那里，不要害怕，把你的事情告诉他，请求他的帮助。再见吧，我的小可爱。"（第 14 至第 15 页）

节选 2

"只不过是自娱自乐，同时也是为了让那些好人有事情可做。我命令他们建造了这座城市和我的宫殿；他们做这些都是心甘情愿的，而且做得挺不错。后来我又琢磨，既然这地方这么绿，这么美，我干脆就给它起名叫'翡翠城'吧。为了使这个名字更加贴切，我还让所有人都戴上绿色的眼镜，这样他们看到的一切就都是绿色的了。"

"但难道这里不是每件东西都是绿色的吗？"多萝西问。

"并不比别的城市多，"奥兹答道，"但是当你戴上绿色眼镜的时候，你看到的一切当然都是绿色的。翡翠城建好应该是很多年以前的事了，因为气球把我带到这里的时候我还很年轻，现在我都这么老了。只不过我的子民戴绿色眼镜的时间太长，以至于大多数人都认为这里真是一座翡翠色的城市。当然这里确实很美，盛产珠宝和贵金属，拥有一切能够令人快乐的好东西。我对这些人很好，他们也喜欢我；但是自从这座宫殿建起来以后，我就把自己关在这儿谁也不想见。"

"我最怕那些女巫，因为尽管我自己对魔法一窍不通，但很快就发现那些女巫确实有些奇妙的本事。在这个国家有四个女巫，她们统治着北方、南方、东方和西方的人民。幸运的是，北方女巫和南方女巫都很善良，我知道她们是不会伤害我的。但是东方女巫和西方女巫却极其邪恶。如果不是因为她们以为我的法力更高强，我肯定早被她们弄死了。所以你应该可以想象出来，当我听说你的房子压死了东方邪恶女巫的时候，我是多么开心啊。当你来找我的时候，我说我愿意答应你的任何要求，只要你能除掉另一个女巫；但是，如今你已经把她融化了，我却只能很惭愧地说，我无法兑现自己的承诺。"

"我觉得你是个很差劲的人。"多萝西说。

"哦，不，亲爱的；我真的是个好人，但我是个很差劲的魔法师，我必须承认。"

"你不能给我一个脑子吗？"稻草人（the Scarecrow）问。

"你不需要那些。你每天都在学习新东西。婴儿有脑子，但却知之甚少。经验是唯一能够为你提供知识的来源。你在这世间生活的时间越长，获得的经验就会越多。"（第138至第140页）

词汇与句子

节选 1

· 将下列单词抄在展示板上：**ou**—country, touched；**our**—journey。要求学生举出更多例子，并问一问 **ou** 还能发什么音。

· 将下列单词抄在展示板上：**ow**—out, shout；**ought**—bought, fought。并举出更多例子。

· 复习代词：指代名词或名字的词。

· 分组完成任务：

1. 列出 **it** 指代的名词（slate，city），**he** 指代的名词（Wizard），**she** 指代的名词（little old woman）。

2. 查一查是否有代词可以指代"Dorothy"（多萝西）。如果没有，那么当不用 Dorothy 这个名字时，如何指代她？例如：the child（孩子），the girl（小姑娘）。

节选 2

· 思考 **i** 的发音方式，比如在 busy、build、did 中都是如何发音的。

· 让学生找到类似的例子并抄写在展示板上。

· 思考软音 **c** 和硬音 **c** 的发音方式，例如在 city 和 country 中如何发音；软音 **g** 和硬音 **g** 的发音方式，例如在 magic 和 good 中如何发音。

· 让学生举出类似例子。

· 让学生：

1. 根据上下文找出 abounding（盛产）和 experience（经验）的含义。

2. 探讨引号的使用方法，以及其他表示说话的标点符号：

问号标在哪里？

3. 找一找，当一段话说到一半停顿时，逗号应该标在哪里。例如："'No more than in any other city,'replied Oz."（"并不比别的城市多，"奥兹答道。）。

· 分组探讨作者如何在第四、第五、第六和第十章的开头表现时间的流逝。学生自己写故事时都是如何表现时间的流逝的？让学生列出可以表示时间流逝的词汇。

阅读

· 在故事进行到不同阶段时询问学生是谁在讲述故事。通常情况下，作者会使用第三人称直接讲述故事内容。然而这个故事的某些部分是由角色来讲述的，例如：节选2的绝大部分内容都是由魔法师奥兹以第一人称方式来叙述的。

· 明确作者讲述故事时使用两种人称的区别，告诉学生"第一人称"就是指"I"（主动的"我"）、"Me"（被动的"我"）、"We"（主动的"我们"）和"Us"（被动的"我们"）。而"第三人称"则是指"He"（主动的"他"）、"Him"（被动的"他"）、"She"（主动的"她"）、"Her"（被动的"她"）、"They"（主动的"他们"）和"Them"（被动的"他们"）。

· 读完第十四章后，让学生说一说：哪一部分内容最激动人心？哪一部分内容最令人恐惧？这些感觉是通过哪些单词、短语或句子体现出来的？让学生写一份简短的小结。

· 分组讨论故事中出现的下列问题：

1. 第四章：为什么多萝西"希望离开这个美丽的国家"，回到堪萨斯（Kansas）"那个干燥、灰扑扑的地方"？

2. 第五章：是有一个能想出点子解决问题的聪明脑袋瓜更重要，还是有一颗善于感受的心更重要？

3. 第六章：是什么造成了懦夫，又是什么造就了勇士？

4. 第七章：稻草人的表现真的像没有脑子吗？

5. 第八章：狮子（the Lion）的表现真的像胆小鬼吗？

6. 第九章：铁皮人（the Tin Woodman）的表现真的像没有心吗？

· 让学生为角色做记录，方法如下：

1. 做出第一印象的判断。

2. 当角色逐渐透露出关于自己的更多信息时，不断增添记录内容。

3. 要注意平衡事实和观点。

写作

· 让学生：

1. 在故事的结尾为他们记录的角色写一份人物总结。

2. 描述故事里最喜欢的一件事，写出喜欢的理由，并摘抄重要的句子。

3. 选择一个话题展开讨论，表明自己的观点。

4. 假装自己是其中某个角色，并从那个角色的视角描述一个事件。

· 让学生为多萝西和她的朋友们创造一个想象中的国家，并构思关于这个国家的故事，方法如下：

1. 想出这个地方的主要特征或者主题。例如：瓷器国（China Country），一个由易碎的瓷器做成的国家，会影响周围的一切。

2. 创造并描述新的角色及其行为举止。

3. 构思几个多萝西和朋友参与的事件。

4. 围绕关键情节进行详细描述。

舞蹈与戏剧

· 让学生模仿旋风的旋转运动，练习控制动作的方法，例如可以用慢动作。

· 两人一组，通过表现多萝西在旋涡中静止不动，随后被旋风带起来、飞在空中、落到其他地方的情景，进一步完善旋转的动作。

· 各组将这个想法进一步完善。

· 让学生模仿和对比不同角色的动作，例如稻草人和铁皮人的动作。为每个角色打造截然不同的动作招式。

· 读到一半的时候，分组完成任务，方法如下：

1. 阅读段落，要体现出标点符号的变化，以及讲述者（作者）和不同角色说话声音的差异，通过声音展现角色不同的性格。

2. 用自己的话复述故事，轮流进行。

3. 用动作和语言即兴表演故事里的事件，分角色进行。

4. 完善即兴表演，加入角色说过的话。

5. 排练第 3 项和第 4 项任务，为表演做准备。

6. 继续读本书后半部分，再找出一个事件，重复上述任务。

音乐

· 让学生：

1. 如本书第三章"绘画与音乐"中所述，为主要角色创作出场音乐。

2. 为四位女巫创作音乐，表现她们是什么样的人、从哪里来，以及最后的结局。

绘画

· 让学生：

1. 创作角色画像，要善于利用文中的描述。

2. 创作风景画，要善于利用对不同国家和地点的描述，例如对堪萨斯州的描述。

3. 创作壁画，以"黄砖之路"（the Road of Yellow Brick）为中心形象，根据故事的发展添加更多内容。

4. 创作一个"3D怪物"（3D Monsters），可以用黏土雕刻、纸糊材料、金属丝网等制作成各种奇形怪状的野兽。

四年级：第一学期。弗朗西丝 · 霍奇森 · 伯内特（Frances Hodgson Burnett），《秘密花园》（*The Secret Garden*）[15]

文章
节选1

确实非常奇怪。当她停下脚步盯着那边看时，几乎屏住了呼吸。只见有个男孩坐在树下，他背靠大树，正在吹一支做工粗糙的木笛。他的长相很滑稽，年纪大概有 12 岁。他整个人看上去挺干净，鼻尖很翘，双颊像花一样红。他那双又圆又蓝的眼睛是玛丽（Mary）从来没有在其他任何男孩脸上看到过的。而他倚靠的那根树干上，有一只棕色的松鼠正紧贴着树，瞧着他；他旁边的一丛灌木后面，一只雄雉正小心翼翼地探头探脑。离他不远的地方，还有两只兔子正蹲直身子，用不停抽动的鼻子嗅着——看上去它们似乎都被吸引了过来，看着他，听他用那木笛吹出怪异而低沉的声音。

当男孩看到玛丽时，他举起一只手，用一种几乎和他的笛声一样低沉的声音开口说话。

"你别动，"他说，"你会把它们吓跑。"

玛丽便停住不动。他也停止吹笛，慢慢起身。他的动作十分缓慢，几乎看不出来他在移动。但最后他完全站起来，松鼠随即蹿回树枝间，野雉缩回了脖子，兔子则四脚着地，跳开了。但是看起来它们完全不是因为害怕。

"我是迪肯（Dickon）。"男孩说，"我知道你是玛丽小姐。"

（第79至第80页）

节选2

"你有没有——你觉得你找到去秘密花园的路了吗？"

玛丽看着他那可怜而疲倦的小脸以及肿胀的双眼，心软了。

"是，是的，"她回答，"我想我找到了。如果你现在乖乖睡觉，我明天就告诉你。"

他的手不停地颤抖。

"噢，玛丽！"他说。"噢，玛丽！只要能进去，我想我就应该能活下去了！你可不可以别唱嬷嬷的催眠曲——你就小声跟我讲一讲，就像第一天那样，你想象的花园里究竟是什么样？我肯定听着听着就能睡着。"

"那好吧，"玛丽回答，"闭上眼睛。"

他闭上眼睛，安静地躺着。她握着他的手，开始慢慢地、轻轻地讲起来。

"我想它一定荒废太久了——所有植物的枝条都挤成一团，很可爱。我猜那些玫瑰的枝条一定在往上爬啊，爬啊，爬啊，直到从树枝和墙头垂下来，再爬满地面——简直就像是一团怪异的灰色雾霭。肯定有一些枝条枯死了，但还有很多——活得很好。每到夏天，就会出现玫瑰的帘幕和玫瑰的喷泉。我猜地上还有大片大片的水仙、雪花莲、百合、鸢尾，它们努力寻找出路，冲破黑暗。现在春天已经来了——也许——也许——"

她那轻柔而低沉的声音哄得男孩眼皮越来越沉。她一边看着，一边继续讲着。

"也许它们正在草丛里拼命向上长——也许还有一簇簇紫色的番红花，还有金色的——就在此时此刻。也许鲜嫩的树叶刚刚萌生、舒展开来——也许——灰色正在褪去，一层薄绿正慢慢地——慢慢地蔓延——直至每一处。鸟儿们都来看了——因为这里——既安全又宁谧。也许——也许——也许，"她的声音极其轻柔、舒缓，"知更鸟已经找到了心上人——正在筑巢呢。"

科林（Colin）睡着了。（第 146 至第 147 页）

对文章进行的改动

· 为确保叙事的流畅性，用讲故事的形式替换了下列内容：

1. 第 216 页、第 217 页，以及第 218 页的前 8 行。

2. 第 225 页，以及第 226 页的前 16 行。

· 为消除种族主义色彩特做以下说明：

1. 据称由于创作该故事的时候大英帝国正对许多海外国家实施殖民统治，印度就是其中之一，因此文中对印度人的态度带有种族主义色彩，令人无法接受。

2. 据称玛丽在第 28 页说的话带有不好的态度，这是受到她父母的影响。

3. 删掉了 native（土著）、blacks（黑人）和 heathens（异教徒）等词。

词汇与句子

节选 1

· 将下列单词抄在展示板上，举出更多例子并进行比较：**ou**—round，ground；**ow**—brown。

· 将下列单词抄在展示板上并进行比较：**ea**—leaned，near，appeared；**ee**—tree，seemed，feet。

· 根据上下文，让学生猜一猜下列单词是什么意思：delicately（小心翼翼地），tremulous（不停抽动的），motionless（不动的），scarcely（几乎不），scampered（蹿）。然后查字典。

节选 2

· 讲解动词的"时态"：表示某事发生在过去、现在或将来。

· 让学生分清楚下列情况通常采用何种时态：

1. 当我们讲故事时（过去时）；

2. 当描述我们正在做的事时（现在时）；

3. 当我们说打算做的事时（将来时）。

· 让学生从节选的段落中找到过去时的例句并抄写下来。

· 让学生探索哪些短语可以表示 grow（生长）或 growing（正在生长），例如 coming up（向上长）、break out（萌生）、uncurl（舒展）、changing（褪去）和 creeping（蔓延）。

阅读

· 分组调查如何通过对人物外貌、想法和动作的细节描述了解人物性格。例如：我们知道科林是一个不快乐的男孩，因为玛丽听到了奇怪的哭声。各组从玛丽、迪肯、科林、梅洛太太（Mrs Medlock）和玛莎（Martha）中任选一人，寻找并记录关于此人的细节描述：

　　1. 作者的描述；

　　2. 想法或态度；

　　3. 他们做的事。

· 读完第十六章之后，让学生预测角色身上会发生哪些事情。他们是否会：

　　1. 保持现状，留在同样的环境中？

　　2. 在某些方面有所改变，期望有所不同？

· 分组调查如何通过细节描写了解玛丽在印度的房子和米塞斯韦特庄园（Misselthwaite Manor）的样子。例如，根据第二十章对荒原的描述，我们可以知道米塞斯韦特庄园地处偏远。

· 两人一组，算一算从故事开始到结束过去了多久。可以每人两章，分别寻找表明时间流逝的证据。

· 分组寻找并记录故事的主要发展阶段，找到下列内容：

　　1. 重大的冲突或戏剧性事件，如暴发霍乱。

　　2. 第一次有明显迹象表明可能会发生冲突或事件是在

什么时候？例如，当玛丽平常使用的仆人都不见了的时候。

3. 冲突或事件是如何解决的？例如，当玛丽获救并被带到英国的时候。

写作

· 读完第十四章后，让学生根据角色研究笔记撰写一份人物评价，并在读完更多章节后再次回顾评价。

· 让学生列出自己所研究人物的主要性格特征。全班展开讨论。

· 根据本书第三章"有剧本的戏剧"中给出的建议，分组将某章内容制作成一出声音剧。

· 让学生根据对故事主要发展阶段的记录，想象并写一写自己会如何应对各种情况。例如：暴发霍乱时他们会怎么做？

· 让学生创作自己的故事，流程如下：

1. 准备一张大纸，可以在上面记录要点、画草图或者画符号，展开头脑风暴，想象某个秘密的地方。

2. 闭上眼睛，想象那个秘密的地方。这个地方可以是某个已知的地点，也可以是一个纯粹虚构的地方。这个地方为什么不为人所知？什么事件可能导致它被别人发现？

3. 学生应当努力想象。这个地方给他们留下了怎样的第一印象？当行走在这个地方时，会有什么发现？

4. 他们会和谁分享这个地方？他们在这个地方会做些什么？除了他们，还会有谁共享这个秘密？

5. 利用笔记将故事讲给另一个人听。在讲述的过程中将故事逐渐整理出来，并随时询问对方的意见。

6. 讲完故事后就可以将故事写下来了。要知道如何通过细节描写逐渐建立丰满的人物形象和背景。另外还要注意如何更为有效地表现某个戏剧性事件，要逐步引入事件、推动发展、达到高潮，最后让事件得到解决或处理。

戏剧与音乐

· 给学生充分的机会排练和完善他们的剧本。通过这样的排练过程，当他们在声音输出、音效和音乐方面都能达到较高标准时，就可以将戏剧录制出来了。

绘画

· 让学生：

1. 以自创故事中的秘密场所为主题，尤其是结合对这个地方本身的描述，创作一幅大型素描或油画，也可以制作一个模型或雕塑。先决定创作的最佳方式，然后在速写本上画出草图。

2. 也可以制作成系列插画，展示自创故事中的关键时刻。

五年级：第二学期。亨利 · 华兹华斯 · 朗费罗（Henry Wadsworth Longfellow），《哈依瓦撒之歌》（*The Song of Hiawatha*）[16]

文章[1]
节选 1

讲述了哈依瓦撒的祖母——老诺柯米斯（Nokomis）如何将他抚养成人，教他部落的信仰，以及哈依瓦撒如何与小鸟、其他小动物交朋友。

在'吉契·古美'的岸边，

在晶亮的大海水旁边，

立着诺柯米斯的茅篷，

月亮的女儿，诺柯米斯的茅篷。

篷后是一片黑魆魆的森林，

一片黑暗而沉郁的松树，

一片长着累累球果的枞树；

篷前响的是亮光光的湖水，

响的是清澈而多阳光的湖水，

响的是晶亮的大海水。

面带皱纹的、年老的诺柯米斯

就在那里抚养着幼小的哈依瓦撒，

摇着那安置在温软的藓苔与芦草上、

---

[1] 译者注：译文采用人民文学出版社 1957 年版赵萝蕤译本。

用鹿筋牢牢扎紧的

菩提木做成的摇床；

她叫他莫要不住啼哭，说道，

"不要哭，没毛的大熊来吃你了！"

为了哄他睡，她唱道，

"'唉瓦唉'！我的小猫头鹰儿！

是谁在这儿照亮了茅篷？

是谁的眼睛照亮了茅篷？

'唉瓦唉'！我的小猫头鹰儿！"

诺柯米斯教给他许多

关于天上发亮的星星的知识；

把'伊希库达'，彗星，指给他看，

那怒发冲冠的'伊希库达'；

又给他讲精灵的死亡之舞，

战士们佩着羽毛和战棍

在寒霜凛冽、冬天的晚上，

招摇着远走北方；

又指给他看天上又宽又白的银河，

阴魂与幽灵所走的道路，

笔直横贯天空，

拥挤着许多阴魂与幽灵。

到了夏天晚上，门口

坐着幼小的哈依瓦撒；

他听见松树的悄语，

他听见湖水拍岸的声音，

音乐的声音，绝妙的歌辞；

"米尼·瓦瓦，"松树这样说，

"墨德维·奥斯卡！"湖水这样说。

他看见萤火虫，'瓦瓦泰西'，

在黄昏的暮色中飞来飞去，

像一支蜡烛的微光

照亮了灌木和树丛，

他唱着孩子们唱的歌曲，

唱着诺柯米斯教他的歌曲：

"'瓦瓦泰西'，小萤火虫儿，

穿飞着、带着白光的小虫，

跳着舞、带着白光的小东西，

在我还没有上床之前，

在我还没有合眼睡觉之前，

点起你的小蜡烛来照我一照！"

他看见月亮从湖上上升，

在水里跳动，又变成团圆，

他看见月上的斑点与阴影，

悄悄问道："那是什么，诺柯米斯？"

善良的诺柯米斯回答说：

"从前有一个战士，他大发雷霆，

半夜里一把抓住了他祖母，

把她扔上天去；

把她正对着月亮扔去；

你看见的就是她的身体。"

他看见空中一条长虹，

长虹在东方出现，

悄悄问道："那是什么，诺柯米斯？"

善良的诺柯米斯回答说：

"你看见的是花朵繁茂的天堂；

所有森林里的野花，

所有草原上的百合，

在地上会萎谢、消灭，

在天上却在盛开。"

午夜时他听见猫头鹰

在森林里呜呜叫着、笑着，

"这是什么？"他恐怖地喊道；

"这是什么，诺柯米斯？"他说，

善良的诺柯米斯回答说：

"这不过是猫头鹰和小猫头鹰，

操着自己的口音在那儿说话，

在彼此又说又骂。"

于是幼小的哈依瓦撒

听熟了各式各样的鸟语，

学会了它们的名字和秘密，

知道它们如何在夏天造窝，

冬天在里面藏身；

他一见它们就和它们交谈，

称它们为"哈依瓦撒的小鸡"。

他听熟了所有动物的言语，

学会了它们的名字和秘密，

知道河狸是怎样造它们的窝，

松鼠又在哪里藏它们的橡果，

麋鹿又如何能跑得飞快，

兔儿又为什么这样胆小，

他一见它们就和它们交谈，

称它们为"哈依瓦撒的兄弟"。

（节选自第三卷）

节选 2

描写了邪恶的保·布克·基微（Pau-Puk-Keewis）如何挑衅哈依瓦撒，杀死了他的一些鸟朋友，洗劫了他的家。他路过哈依瓦撒的家，发现家里空无一人。

"都不在家，篷帐是空的！"

保·布克·基微一边这样说

一边心里在计划破坏；

"警惕的哈依瓦撒不在家里，
笑着的流泉这傻瓜不在家里，
老婆婆诺柯米斯不在家里，
没有人看守这个篷帐！"
他一把揪住了乌鸦的脖子，
把它像响鼓似地打一个旋转，
像摇药囊似地把它摇着，
把'卡加基'这乌鸦勒死，
又把断了气的尸体
挂在茅篷的梁上，
作为对它主人的侮辱，
作为对哈依瓦撒的嘲笑。

他偷偷走进房里，
把里面日用的东西
拿起来到处乱扔，
把木碗和土罐，
水牛和河狸皮的袍服，
水獭、山猫和白鼬的毛皮，
都乱糟糟地堆在一起，
作为对诺柯米斯的侮辱，
对米内哈哈的嘲笑。

然后保·布克·基微走出门来，
吹着口哨，唱着穿过森林，

他对松鼠得意地吹着口哨，

松鼠在他头上的树洞里，

往他身上抛橡树的果壳，

他对着林鸟得意地唱歌，

林鸟在树叶的浓荫里

也一样高兴地答唱。

他爬上了岩石嵯峨的海岬，

俯瞰吉契·古美，

高高站在山顶上

兴高采烈，不怀好意地

等着哈依瓦撒回家。

他直挺挺地仰卧在那里，

下面是远远的河水在拍打，

白茫茫的河水在拍着、打着；

上面是遥遥的星空在浮游，

眩目的，梦幻一样的星空在浮游，

四面飞着、扑着，索索响着的

是哈依瓦撒的山鸡，

成群结队地围着他打圈，

翅膀几乎要刷在他身上。

他躺着就都把它们杀了，

十只二十只地把它们杀掉，

把尸体扔下海岬，

扔到下面的海滩上，

最后"坎约希"，海燕，

高高站在上面的一块岩石上

喊道，"这是保·布克·基微！

他在这里成千成百地杀我们！

快送信给我们的兄弟，

送信给哈依瓦撒！"

（节选自第十六卷）

准备工作

· 删去序言和第一、第二卷，在阅读课开始时简要概述一下删去的内容。

· 阅读第三卷至第十一卷。

· 删去第十一卷至第十五卷，简要概述删去的内容。

· 阅读第十五卷至第十七卷。

· 删去第十七卷至第二十二卷，简要概述删去的内容。

· 保留故事结尾但不读，让学生有机会继续阅读关于哈依瓦撒的故事。

词汇与句子

· 分组朗读文章段落，把控整体节奏，尝试纠正学生的发音，以配合不同角色的说话声音，并特别注意逗号的使用。例如：在"拥挤着许多阴魂与幽灵"中，"阴魂"之后应该有一个轻微但明确的停顿。

节选1

· 将下列含有双写字母的单词抄在展示板上：bedded、

running 和 flitting。这些词的词根是一些单词，如：bed、run 和 flit。让学生补充更多类似单词。

· 讲解拟声词，即代表某种声响的词，例如：lapping（拍）、wail（啼）、hooting（呜呜叫）。让学生找一找，补充更多类似单词。

节选 2

· 复习代词，即代表某人或某物的简短单词，例如："he"（他）代表 Pau-Puk-Keewis（保·布克·基微），"it"（它）代表 the raven（那只乌鸦）。

· 分组找出更多代词并列出来，写出每个代词代表谁或什么。

阅读

· 告诉学生，《哈依瓦撒之歌》中的故事不是朗费罗"编"的，而是他从印第安土著居民那里收集来之后用自己的方式编辑到一起的。告诉学生，这些并不是写出来的故事，最初的版本很可能来自人们围在篝火旁口头讲述的故事。朗费罗则用一种特殊形式——长篇叙事诗——将故事内容记录下来，并且带有类似于鼓点的节奏，带着强烈的美洲土著风格。

· 分组接力复述每章节的内容，并讨论故事讲述了什么，哪些部分是平铺直叙，哪些部分侧重描述。

· 让学生找出平铺直叙和侧重描述的例子并抄写下来，说一说为什么有些地方侧重描述。

· 与学生讨论下列内容：

1. 故事中的人物在信仰、习俗、衣着、对待彼此的方式以及娱乐方面与我们有哪些不同之处？

2. 能不能换一种方式讲述某章的故事内容，让一个善良的角色显得不那么好，而让一个坏人角色显得不那么坏？

3. 比较这个故事和其他故事在讲述方式上的不同。

· 在阅读进行到一半的时候（第八卷结束），给每个小组发一本书并让他们完成下列任务：

1. 大声朗读故事中他们最喜欢的部分。

2. 讲述这部分故事内容。

· 各组在全班面前分别用以上两种方式进行展示，接下来讨论它们之间的区别。

写作

· 让学生围绕一个传说展开研究、计划、创作、回顾以及编辑。方法如下：

1. 选择一个传说故事，了解它的内容，并练习讲给家人或朋友听。

2. 将故事分成几个部分，可以分成章节、诗行，甚至可以像朗费罗的作品那样分成几卷。

3. 选择一种"声音"或视角，比如第一人称的自传体，或者作者的第三人称视角。

4. 选择一种风格，可以模仿《哈依瓦撒之歌》，也可以选择散文体。

5. 写故事，写完后通读一遍。

6. 请朋友读一读这个故事并提出意见。

7. 查字典或者同义词库，检查故事内容、语言质量和词语使用是否正确。

8. 完稿并与他人分享。

音乐、舞蹈与戏剧

· 让学生：

1. 数一数不同行有多少节拍或音节数，找到固定的模式并拍出节奏。

2. 用无音高变化的乐器奏出节奏，特别推荐鼓面乐器，多练习，直至将节奏拍正确。接下来，按照一个短语一拍或两拍的节奏进行实验，配合着完整的四拍一起演奏。

3. 在朗诵诗句的同时拍出上述节奏。

4. 利用身体各个部位拍出上述节奏，包括胸部、大腿、头部、双脚、膝盖，任何合适的部位均可；然后用手在学校礼堂的地板上拍出节奏。

5. 用脚在地板上打拍子，同时向各个方向移动。

· 让学生尝试各种手势，例如：表现哈依瓦撒佩带着贝壳珠腰带（Wampum）凯旋。

· 按顺序完成几个动作：学生走路—停顿—缓慢而夸张地做出一个手势—走路。沿着下面的路线不断练习这个基本技巧：

1. 学生两人一组走路—停在彼此身边—一个人做手势，另一个人也做出手势来回应—走路。练习。

2. 设计一套常用手势来代表故事中的常见动作，例如：将手臂伸长并高高举起，配合张开的手指，代表去很远的地方。

· 分组排演一部作品，方法如下：

1. 通过一系列连贯的动作和手势来讲述故事。

2. 为默剧创作音乐，要善于利用肢体语言、声音和无音高变化的乐器。

3. 排练和表演默剧，其间穿插有节奏的舞蹈，并用乐器
   打拍子。
4. 对每个场景的内容进行总结。

绘画

· 向学生展示主要的美洲土著艺术图片：

1. 彩绘脸谱和面具，面具通常用兽皮、木头、芦苇、草
   或者羊毛制作。
2. 画在岩石、皮肤、陶器和人体各部位上的彩绘。
3. 梭织布（用来制作衣服）、地毯、篮子、袋子、壁挂
   和首饰。
4. 木雕、石雕和骨雕。[17]

· 给学生一些时间，将照片上的图案、人物或者其他花纹
绘在速写本上。

· 为舞蹈、默剧、音乐表演等提供基本的艺术道具，设计
并制作下列物品：

1. 代表默剧中相关角色的面具。
2. 面部装饰，作为面具的替代品。
3. 用串珠和珠子制成的首饰。
4. 在装饰串珠的头饰上再添加一些羽毛饰物。
5. 女性角色的裙装 [1]。

---

[1] 作者注：可以用市场上购买的便宜的平纹布料来制作。它的基本设计
是一块长方形布料，中间开一个洞让头部穿进去，两边开洞让胳膊穿进去。
袖子和饰边可以添加一些装饰。然后，用织物颜料在布上绘制图案。

六年级：第一学期。威廉・莎士比亚（William Shakespeare），《暴风雨》（*The Tempest*）[18]

下面的项目原载于本书作者的另一本书《上好小学诗歌课》（*Teaching Poetry in the Primary School*），旨在作为"一小时读写素养课"规定内容《暴风雨》（节选）的补充。也可以独立采用该项目。[19]

文章
节选 1

普洛斯彼罗（Prospero）正在向米兰达（Miranda）讲述他们多年前是如何来到岛上，又是如何得到忠心不贰的贡柴罗（Gonzalo）的帮助，以及如何因为命运的眷顾，刚刚的一场风暴将普洛斯彼罗所有的仇人都带到了这座岛屿。

米兰达　我们是怎样上岸的呢？

普洛斯彼罗　靠着上天的保佑，我们有一些食物和清水，那是一个那不勒斯（Neapolitan）的贵人贡柴罗——那时他被任命为参与这件阴谋的使臣——出于善心而给我们的；另外还有一些好衣裳、衬衣、毛织品和各种需用的东西，使我们受惠不少。他又知道我爱好书籍，特意从我的书斋里把那些我看得比一个公国更宝贵的书给我带了来。

米兰达　我多么希望能见一见这位好人！

普洛斯彼罗　现在我要起来了。（把法衣重新穿上）静静地坐着，听我讲完了我们海上的惨史。后来我们到达了这个岛上，就在这里，我亲自做你的老师，使你得到比别的公主小姐更丰富的知识，因为她们把大部分的时间都花在无聊的事情上，而且她们的老师也绝不会这样认真。

米兰达　真感谢你啊！现在请告诉我，父亲，为什么你要兴起这场风浪？因为我的心中仍是惊疑不定。

普洛斯彼罗　听我说下去。现在由于奇怪的偶然，慈悲的上天眷宠着我，已经把我的仇人们引到这岛上来了。我借着预知术料知福星正在临近我运命的顶点，要是现在轻轻放过了这机会，以后我的一生将再没有出头的希望。别再多问啦，你已经倦得都瞌睡了；很好，放心睡吧！我知道你身不由己。

（米兰达睡）

（第一幕，第二场，第158—186行）

节选 2

米兰达对腓迪南（Ferdinand）一见倾心，印象深刻。米兰达认为他领命搬木头是父亲普洛斯彼罗施加的惩罚。她提出亲自搬运那些木头，但腓迪南拒绝了。两人开始互诉衷肠。

米兰达　唉，请你不要太辛苦了吧！我真希望一阵闪电把那些要你堆垒的木头一起烧掉！请你暂时放下来，坐下歇歇吧。要是这根木头被烧起来的时候，它一定会想到它所给你的劳苦而流泪的。我的父亲正在一心一意地读书；请你休息休息吧，在这三个钟头之内，他是不会出来的。

腓迪南　啊，最亲爱的姑娘，在我还没有把我必须做的工作努力做完之前，太阳就要下去了。

米兰达　要是你肯坐下来，我愿意代你搬一会儿木头，请你给我吧；让我把它搬到那一堆上面去。

腓迪南　怎么可以呢，珍贵的人儿！我宁愿毁损我的筋骨，压折我的背膀，也不愿让你干这种下贱的工作，而我空着两手坐在一旁。

米兰达　要是这种工作配给你做，当然它也配给我做。而且我做起来心里更舒服一点儿；因为我是自己甘愿的，而你是被迫的。

普洛斯彼罗（旁白）　可怜的孩子，你已经情魔缠身了！你这痛苦的呻吟流露了真情。

米兰达　你瞧上去很疲乏。

腓迪南　不，尊贵的姑娘！当你在我身边的时候，黑夜也变成了清新的早晨。我恳求你告诉我你的名字，好让我把它放进我的祈祷里去。

米兰达　米兰达。——唉！父亲，我已经违背了你的叮嘱，把它说出来啦！

腓迪南　可赞美的米兰达！真是一切仰慕的最高峰，价值抵得过世界上一切最珍贵的财宝！我的眼睛曾经关注地盼睐过许多女郎，许多次她们那柔婉的声调使我的过于敏感的听觉为之倾倒；为了各种不同的美点，我曾经喜欢过各个不同的女子；但是从不曾全心全意地爱上一个，总有一些缺点损害了她那崇高的优美。但是你啊，这样完美而无双，是把每一个人的最好的美点集合起来而造成的！

米兰达　我不曾见过一个和我同性的人，除了在镜子里见到自己的面孔以外，我不记得任何女子的相貌；除了你，好友，和我的亲爱的父亲以外，也不曾见过哪一个我可以称为男子的人。我不知道别处地方人们都是生得什么样子，但是凭着我最可宝贵的嫁妆——贞洁起誓：除了你之外，在这世上我不企望任何的伴侣；除了你之外，我的想象也不能再产生出一个可以使我喜爱的形象。但是我的话讲得太越出界限，把我父亲的教训全忘记了。

（第三幕，第一场，第 15—59 行）

准备工作

· 用讲故事的方式，一边讲，一边读文章的关键段落。

· 采用五幕剧结构，每一幕选择不同的场景，并将每个场景包含在给学生讲述的故事里。

· 不要"很久以前……"这样讲，也不要直接朗读莱昂·加菲尔德（Leon Garfield）的复述文本"在很远、很远的地方，一个陌生岛屿的岸边"[20]，而是直接将学生带入《暴风雨》的正题。应该这样讲故事："一艘船遭遇了风暴。此时（从舞台方向）传来'一阵狂暴的喧闹声'。船上有一位国王、一位王子、一位公爵和几位贵族，还有一个弄臣、一个管家、船长以及船员……"

· 将作品分成 12 集，每集都在故事进行到某个戏剧性时刻时结束。

· 制作一张挂图，一直挂在课堂上，以便让学生熟悉所有主要人物的名字、关系和位置。

· 让学生在第一集开始之前预习角色的名字、怎么念以及他们都是谁。

· 准备好用来提问的问题，并在读故事的过程中随时解释故事情节和故事人物。例如在第一幕第二场中，普洛斯彼罗、他的弟弟安东尼奥（Antonio，篡位者）和那不勒斯王阿隆佐（Alonso，帮助他的人）之间的关系需要教师进行详细的解释，可以在挂图上画出人物关系图。

词汇与句子

节选 1

· 讲解下列短语："providence divine"，上天的保佑；"Master of this design"，参与这件阴谋的使臣，负责将普洛斯彼罗送走的人；"furnish'd me"，给我；"made thee more profit"，使你得到……更丰富的知识；"vainer hours"，花在无聊的事情上，在镜子前虚度的时光；"bountiful Fortune"，慈悲的上天眷宠着我，极其幸运；"prescience"，预知术；"auspicious star"福星，有利的影响；"If now I court not"，要是现在轻轻放过了这机会，如果现在不行动。

· 分组学习、抄写并猜一猜下列古英语的含义："How came we...？"（是怎样……的呢？），"necessaries"（各种需用的东西），"thy"（第二人称"你的"），"thee"（宾格"你"），"for't"（相当于 for it），"'tis"（这是），"thus"（和 this 同源），"doth"（旧时 do 的第三人称单数现在时），"Thou art"（相当于 you are，"你是"）。

节选 2

· 讲解下列短语："enjoin'd"，（普洛斯彼罗）命令其做……；"discharge"，完成；"dishonour"，下贱的；"broke your hest"，违背了你的叮嘱；"Th'harmony of their tongues"，她们那柔婉的声调；"hath into bondage/Brought my diligent ear"，使我的过于敏感的听觉为之倾倒；"noblest grace she ow'd"，她那崇高的优美；"put it to the foil"，让这些相形见绌的；"peerless"，无双；"features are abroad"，别处地方人们的样子；"jewel of my dower"，我最可宝贵的嫁妆——贞洁；"precepts"，教训。

· 分组学习、抄写并猜一猜下列古英语的含义："Alas"（表示悲伤或遗憾的"唉"），"pray you"（请你），"enjoin'd"（命令其做……），"'T' will"（他一定会），"become me"（给我），"beseech"（恳求、哀求），"glass"（镜子），"therein"（在那一点上）。

阅读

· 每读两场就进行一次分组讨论，评价角色进展，预测故事结局，并在每场找出读过的一段话解释其含义。

· 分成几组，学生用自己看过的任意视频版本与这次读的《暴风雨》进行比较：

1. 故事的呈现方式。

2. 角色的塑造方式。

3. 两种体验有哪些不同之处。

4. 他们对这两种呈现方式有什么看法，更喜欢哪一种。

写作

· 让学生：

1. 假设自己是阿隆佐、安东尼奥、米兰达、凯列班（Caliban）、腓迪南、斯丹法诺（Stephano）、特林鸠罗（Trinculo）和爱丽儿（Ariel）之一，通过不同人物的视角来写这个故事。

2. 以整个故事或部分故事情节为主题撰写一篇给四年级学生阅读的故事。

3. 选择一个主要人物，记录他或她从开始到结束的发展变化，包括个人处境、与他人的关系以及态度上的改变。

4. 展开讨论，然后用尽可能简练的语言写出故事发展的主线。

· 让学生构思一个故事，内容是有人被遗弃在某个岛上，要包含：

1. 导致遗弃的事件。

2. 人物意识到自己身在何处时有什么感受。

3. 人物为了生存采取了哪些措施。

4. 遇到了哪些新的人物角色。

5. 按照下列顺序描述一连串事件，包含开头、发展、高潮或冲突，以及最后是如何圆满解决的。

· 分组编写新剧本，可以根据人物角色讲述的内容编写剧本，也可以加入一些虚构事件：

1. 普洛斯彼罗和米兰达来到岛上。

2. 和凯列班刚刚一起生活的情景，以及结果如何。

3. 普洛斯彼罗在松树上发现爱丽儿，以及他们最初的关系。

4. 斯丹法诺和特林鸠罗也上了船。

5. 阿隆佐和安东尼奥密谋推翻普洛斯彼罗。

· 根据本书第三章"有剧本的戏剧"中的例子写剧本。

舞蹈与戏剧

· 从下列隐含主题中寻找可以作为舞蹈主题的内容：

1. 在水中沉沉浮浮，整个人都被洗干净了。

2. 由坏变好。

3. 被困住、背负重担、被囚禁、遭受鞭笞和钉刺的惩罚。

4. 入侵被冻结，变得无害。

· 从歌曲以及唱诵的内容中寻找舞蹈素材，例如爱丽儿的歌《五寻的水深处躺着你的父亲》（Full fathom five thy father lies）。

· 从角色中寻找舞蹈形态和动作的素材，例如凯列班在喊"班，班，凯——凯列班，换了个新老板！"时会做出怎样的动作。

· 分组将故事改编成戏剧，过程如下：

1. 讨论将故事里的哪些内容改成台词，哪些内容应该写进剧本，每个学生要扮演的角色。

2. 编写故事，再讲一讲。

3. 即兴创作，用自己的语言进行加工，反复排练，直到确定最终的形式。

4. 将最终确定下来的戏剧写成剧本，但是必须等最后一次表演结束之后再写，这只是作为记录表演内容的一种方式。

音乐

· 让学生：

1. 探索身体的音乐潜能：拍手、轻轻叩击、敲击、吟诵、哼唱、大声唱等。

2. 尝试用各种方式讲出文章节选内容。

3. 用一组声音表现特定场景或讲话时的想法、声音和感受，例如再现爱丽儿描述船沉没时的情景，可以利用各种乐器。

4. 根据本书第三章"创作乐曲"中的介绍，将爱丽儿的歌制作成音乐。

绘画

· 让学生:

1. 用颜色和形状来表现场景或讲话时的情感以及形象,创作抽象画, 例如凯列班在描述岛屿之美时所说的"Be not afear'd"。

2. 将自己对剧中各阶段主要人物的印象用系列画作记录下来, 以此作为绘制肖像画的依据。要尽量将画的背景放到和前景一样重要的位置, 以传达人物角色的本质。例如, 米兰达的肖像画中有一些代表危险的形象,是她在婴儿时期所面临的危险。

· 让学生:

1. 通过素描、绘画或雕塑等形式探索人物形象的含义。

2. 将某一场完整或部分的戏剧内容制作成剧情梗概系列插图, 表现故事主线的发展。

参考文献

1. *Encarta 98 Encyclopaedia*(1998)U. S. A.: Microsoft Corporation.

2. Powling, C.(November 1986), 'On the Permanence of Pooh', *Books for Keeps*, 41.

3. Haight, G. S.(1968)*George Eliot, a biography,* 7. London: Oxford University Press.

4. Robinson, E. and Summerfield, G.(eds.)(1966)*Selected*

Poems and Prose of John Clare, 100. London: Oxford University Press.

5. Bronte, C. (1966) *Jane Eyre,* 53. Harmondsworth: Penguin Books.

6. Bronte (1966) 53.

7. Swift, J. (1967) *Gulliver's Travels*. Harmondsworth: Penguin Books.

8. Cox, C. B. (1989) *English for Ages 5 to 16*. London: Her Majesty's Stationery Office.

9. Austen, J. (1995) *Sense and Sensibility*. Harmondsworth: Penguin Books.

10. Andersen, H. (1966) 'The Princess and the Pea' , in *The Snow Queen and Other Tales*. New York: Signet Classics.

11. Iversen, P. S. (1966) 'Introduction' , in *The Snow Queen and Other Tales*, X. New York: Signet Classics.

12. Milne, A. A. (1928) *The House at Pooh Corner*, 89–105. London: Methuen Publications.

13. Wilde, O. (1962) 'The Selfish Giant' , in *The Happy Prince and Other Stories*. Harmondsworth: Puffin Books.

14. Baum, L. F (1982) *The Wizard of Oz*. Harmondsworth: Puffin.

15. Burnett, F. H. (1994) *The Secret Garden*. London: Hodder & Stoughton.

16. Longfellow, H. W. (1960) *The Song of Hiawatha*. London: Dent and Dutton.

17. Feest, C. F（1992）*Native Arts of North America*. London: Thames and Hudson.

18. Shakespeare, W.（1964）*The Tempest*. London: Methuen Publications.

19. Carter, D.（1998）*Teaching Poetry in the Primary School*. London: David Fulton Publishers.

20. Garfield, L.（1985）*Shakespeare's Stories*. London: Victor Gollancz.

第六章

当代儿童文学作品的学习方法

Using modern children's fiction

☷ 儿童文学

儿童读写素养问题正是当下各界关注的焦点。因此，我们十分有必要思考书籍在大多数儿童生活中的存在感，探讨文学界对待这个问题的严肃态度。举例来说，尽管公共图书馆不再像过去那样在社会生活中占有核心地位，但是过去20年以来，公共图书馆越来越侧重以儿童为中心。现在，大多数图书馆都开辟了专为儿童设计的宽敞空间，友好的场所设计可以吸引儿童浏览书籍，通常还放着供孩子倚靠的坐垫。这里有时会组织以书籍为基础的童书作品展览，邀请儿童文学作家、专门研究儿童书籍的图书馆员定期造访。

这种风气也蔓延到众多学校。班级主要藏书不再是那种被翻得旧旧的、通常印于二战之前的精装书，那些书大多讲述上流社会某个英雄的光辉事迹。平装书才是现在的主流。这些书拥有色彩鲜艳的封面，有些成套添置的书则是为一小时读写素养课专门准备的。从书名上可以感受到某种兼收并蓄的品味。这种品味逐渐从图书馆、地方教育机构，最终从儿童文学领域的"专家"圈子向外蔓延开来。尽管读写素养课要求严格，但这毕竟为现在的孩子提供了一个比以往数代人所能拥有的更为开明的读书环境。"大声读书却不动脑子"的情况少了，静下心感受阅读真谛的情况多了；提问时"故意刁难"的情况少了，热烈讨论的情况多了。同时，真正的作家很有可能亲自造访学校，开办研讨会，朗读自己的作品，以及为新书签名。这样的作者无疑会得到来自地区艺术协会和学校本身的大力支持。

孩子们的家庭藏书也越来越多。很多书会被放到卧室的书架上。这和一些电视连续剧引发的阅读热不无关联，例如《鸡皮疙瘩》（*Goosebumps*）或《恶魔校长》（*The Demon Headmaster*）；同时也可能是因为电影院上映的某部影片，或者随后上市的影碟。罗尔德·达尔的书很可能因为其有悖于传统的幽默而位列其中，而且还不止一本。此外还有越来越多的作家作品出现在书架上。由于平价平装书的兴起，图书销量比以往任何时候都要大。在 2000 年的世纪之交，对于大多数孩子来说，图书、CD 和影碟都是酷炫的礼物。

我所描绘的上述景象令人乐观，这是完全有理由的，而且对儿童读写能力的提高具有积极影响。只要一小时读写素养课不至于因为其正经八百的氛围扼杀孩子对阅读的兴趣，这种景象就会持续下去。它的形成并非一朝一夕，并且几经波折。其间比较关键的时间点是曾饱受中伤的 20 世纪 60 年代，绘本的黄金时代从那时开启，以及遭到政客猛烈抨击的"真正的书"运动。那些政客并未意识到，所谓"真正的书"，实际上就意味着那些具有文学价值和艺术品质的书。

若要将"儿童文学"视为一个相对较新的概念，令人感觉颇为奇怪。"儿童文学"作为一门学科，在高等学府的教育专业开课的历史还不到 30 年。然而现如今这门学科已经相当成熟。正如沃特金斯（Watkins）和萨瑟兰（Sutherland）所指出："1992年，儿童文学协会（Children's Literature Association）发布了一份《儿童文学研究生课程名录》（*Directory of Graduate Studies in Children's Literature*），开设相关课程的院校超过 200 所。"[1]

儿童文学也有了自己的期刊，例如作为先行者的《儿童教育文学》（*Children's Literature in Education*）[2]、《信号》杂志（*Signal*）[3]、《图书收藏》杂志（*Books for Keeps*）[4]，以及

美国的《狮子与独角兽》杂志（*The Lion and the Unicorn*）[5]。在过去 20 年左右的时间里，关于儿童文学的评论文章和评论书籍激增，文学评论家开始带着"全套文学理论"走入儿童文学的世界。[6]

然而，"儿童文学"甚至也包括"童年时期"本身都是相对较新的概念，直到 17 世纪"童年时期"的说法被普遍接纳，专为满足儿童需求而生产的书籍才可能出现。正如约翰·洛里·汤森（John Rowe Townsend）所说："在有童书之前，必须先有儿童——儿童，也就是被承认的人类存在，有着特定的需求和兴趣，不仅仅是缩小版的男人和女人。"[7]

又过了大约 200 年，儿童读物才迎来大规模的出版。但是直到"第一次世界大战"（First World War）初期，阅读活动仍然主要集中在中产阶级和上层阶级，工人阶级的孩子中文盲比例相当高。随后的 80 年间，读写水平的提高为童书创造了一个巨大的市场，这也正是教育机构所乐见的情况。

大多数儿童文学史研究都将其起源追溯到 17 世纪末法国童话收集者夏尔·佩罗（Charles Perrault）的成果。在英国，则是大约 70 年之后开始出版童书作品的约翰·纽伯瑞（John Newbery）。这使得儿童文学成为一个相对较新的分支，根源可以追溯至口传故事传统和成人文学。在某种程度上，儿童文学在评论家甚至在童书作者自身看来低人一等。大学院校极少将儿童文学纳入主流英语研究。许多作家则将其视为增加收入而非满足个人创作目标的一种手段。

儿童文学在文学界地位相对较低的部分原因在于，它往往被视为教育儿童的工具。佐哈尔·沙维特（Zohar Shavit）认为，儿童文学的发展与其说是遵循"文学规范"，不如说是依照"社会正当性和动机"，由此已经"将教育系统确定为儿童文学的主要参考框架"了。[8] 这种观点也得到了最优秀的儿童文学作家之一——吉尔·佩顿·沃尔什（Jill Paton Walsh）的支持。她曾抱怨说："许多老师把童书作家看作儿科医生、儿童精神科医生、儿童教师、儿童之家，看作与儿童打交道和帮助儿童的社会机构的一部分……"[9]

还有一个问题是，判断童书质量和其是否适合的人通常是成年人，而非儿童。有几个儿童文学类奖项是由儿童评审团来授予的？有多少获奖作品真正受到儿童的欢迎？沙维特对这个问题进行了精辟的总结：

童书作家可能是唯一被要求既要向某个特定读者群体讲话，又要同时讨好另一个特定群体的人。广大社会寄希望于儿童文学作家同时赢得成年人……和儿童的欣赏。然而这个要求令人费解，甚至在本质上自相矛盾。这是由于儿童和成年人的品味原本就不一样，而且不可调和。但有一点确定无疑：一本童书想要被成年人接纳，那么仅仅让它被儿童接纳是不够的。[10]

我们这些从事小学教育的人对这个特定的问题可谓再清楚不过。我们可以包容漫画，但却无法容忍伊妮德·布莱顿（Enid Blyton）——英国有史以来最受欢迎的儿童文学作家。我们曾经惧怕罗尔德·达尔的作品中明目张胆有违道德的内容，但现在也逐渐接受了他，因为他的文笔实在是太好了。只要可以，我们总会尽量删减。甚至就在本书介绍的读写课程计划中，我也建议进行删减——这是出于规避种族主义的考虑。无论是作为老师还是家长，我们总是觉得要对孩子读的书、看的电视负起责任来。现在的情况是：我们扮演着文学评论家的角色，但我们使用的工具更多关乎道德标准和阅读技巧，而非文学价值，而且我们自己往往并没有好好读过这些书。如果我们必须继续扮演这一角色——显然我们别无选择——则需要有一套标准，不只是关乎教育的标准，还是关乎文学价值的标准。

🕏 为什么要开设当代儿童文学课？

如果说在 300 多年以前，对儿童特定需求的认识推动了儿童文学的出现与发展，那么我们在设定文学课教学标准时也理应以此为依据。本书第四章曾提到，贝特尔海姆用童话故事来治疗一组有特殊需求的儿童。儿童的心理障碍以及心理需求必须在任何儿童文学教学标准中占据重要地位。贝特尔海姆的观点主要聚焦于儿童在潜意识里对自己的看法、儿童与父母的关系，以及儿童自立过程中的成长需求。他声称，通过进入童话的"异域世界"，孩子可以将内心的恐惧通过玩耍释放出来，并增进对恐惧的理解。

另一位来自心理学领域的关键人物是 D.W. 哈丁（D.W. Harding）。他的论点主要围绕他提出的术语"移情洞察力"（empathic insight）展开。在他看来，一段叙事的读者扮演着两个角色。他声称，在同一时刻，读者"……充当着参与者和观察者的双重角色。作为观察者，读者能够在需要的时候从幻想事件中脱离，重新关心现实生活的需求"。[11]

根据哈丁的说法，这种双重活动的价值在于观察者可以

"……目睹力所能及范围以外的生活方式。通过观察杰出人物，他可以在想象中提升自己作为人类的潜能。而这样的潜能在原本的自己身上仍然处于原始阶段，或者在经历短暂的发展后夭折了"。[12]

如今距离哈丁写下这段话已过去至少 25 年。他对于"杰出人物"的强调暗含一种等级意味：儿童处于较低的地位，而文学作品中的人物则处于较高的地位。尽管他在这之后继续写道，作为文学作品的读者，我们尽可以想象"自己所知道的包罗万象的经验"，但他也强调我们在阅读时目睹的经历带有某种优越感。他写道，"一种更非凡的生活方式"可能会给"我们平凡生活中的各种可能"注入"更多意义"。[13]

如果能够知道哈丁在提出这些想法时想到了哪些文学作品一定很有趣。他确实引用了一部作品，就是约瑟夫·康拉德（Joseph Conrad）的《吉姆爷》（*Lord Jim*）。根据我在本书第五章中列出的标准，这部作品属于"经典作品"。但这或许也是一个理由，告诉我们为何应当（在口传故事和经典文学课之外）开设"当代"儿童文学课。我们都希望孩子接触口传故事和经典文学，我在书中也阐述了其中的原因。但是，我们也应该同样希望孩子多多接触属于他们自己的、年代更近的文学作品。

哈丁心目中的"杰出人物"有着"更非凡的生活"，比如吉姆爷、普洛斯彼罗以及哈依瓦撒。没有任何老师或父母会拒绝孩子成为这种虚构人生的观察者。但是，孩子们也需要成为另一种生活的观察者——这类生活不一定比他们自己的生活更有看点。这也正是《格兰其山》（*Grange Hill*）、《拜克格罗夫俱乐部》（*Byker Grove*）等电视连续剧大获成功的原因之一，也解释了为何孩子们会对《左邻右舍》《东区人》和《加冕街》（*Coronation Street*）着迷。当代儿童文学的一个重要发展就是，出现了很多讲述平凡人物的平凡生活的小说。但这些角色往往又被置于不平凡的环境之中，这就是小说的有趣之处。孩子会以不同的方式与这类角色产生共鸣，想象这样的角色就是自己的同班同学。事实上，许多孩子在当代儿童文学作品中读到的那些虚构的经历，可能还不如他们自己的经历可圈可点呢！

当代儿童文学作品中有相当一部分为儿童提供了这样一种可能性：让他们成为自己明确认同的生活的观察者和参与者。这无论是对儿童的自我认知，还是读写能力的发展，都堪称最为重要的贡献。不过当代儿童文学所能提供的可不仅是促进儿童的心理发展。本书的主要目的就是提出一些培养儿童读写能力的途径。而这些途径单凭过去的文学作品和主题是行不通的。儿童不仅需要阅读用过去的语体风格写成的故事，还需要阅读用当下的语言写成的故事。只用经典来上儿童文学课会导致儿童疏远文学。文学语言总是带有各种各样的问题，甚至令人望而生畏。同样，如果完全基于口传故事的传统，只是不停复述各种故事，则很有可能让文学变成一种猎奇体验，单纯与过去和魔法相关。这样的故事即便是用现代语言写就的，也会显得遥不可及，与儿童已经了解或者正在经历的事情鲜有关联。如果现代语言只能用来书写过去的故事，那么这样的使用方法或许会显得矫揉造作。

当代儿童小说还为儿童展现了越来越多的文学体裁，从而丰富了他们的文学体验。例如，自二战以来，由罗斯玛丽·萨克利夫（Rosemary Sutcliffe）和亨利·特里斯（Henry Treece）

等作家所写的历史小说，对儿童历史知识的积累和读写能力的发展都做出了重大且具有挑战性的贡献。类似的发展也体现在科幻小说和奇幻小说领域。

不过，要说当代儿童小说中对儿童读写能力和审美能力贡献最大的，还应该是社会现实主义得到了普遍接受与长足发展。正是通过社会现实主义作品，儿童才能与其他孩子、与现代社会中一眼就能辨认出来的典型人物之间建立起某种身份认同。这不仅体现在有关各种社会问题的小说中，也体现在具有社会现实背景的科幻小说和幻想作品中。社会现实主义在儿童小说中盛行，就连历史类小说也从中受益。例如，艾伦·加纳（Alan Garner）的《独角兽之歌》（*Elidor*）[14] 之所以成功，既是因为它所描绘的异域世界光怪陆离，又是因为它所具有的社会现实主义背景。同样，罗伯特·韦斯托尔（Robert Westall）的二战小说的力量之源，就是因为他用"现代的"、现实主义的手法处理人物角色及他们之间的关系。有些人物，比如《小机枪手》（*The Machine-Gunners*）[15] 中的查斯·麦吉尔（Chas McGill）在 20 世纪 60 年代以前的任何一本儿童读物中都不可能出现。社会现实主义在当代儿童小说中随处可见。尽管我们可能会在考虑其文学价值之前，对其中的社会问题持保留态度，但它所产生的积极影响确实是存在的。

读写策略课程示例

希望我为读写策略课程选择的当代儿童小说能尽量体现不同的文学类型。这些篇目或多或少都受到了社会现实主义兴起的影响，包括幻想类作品——桑达克（Sendak）的《野兽国》、卡特（Carter）的《拼错字王国》（*Misspellboobiland*），历史类小说——鲍登（Bawden）的《嘉莉的战争》（*Carrie's War*）、麦格里安（Magorian）的《晚安，汤姆先生》（*Goodnight Mister Tom*）。

应遵照下列方式为学生介绍每一部当代小说：

· 选取书中两段内容，制作成较大篇幅的海报。

· 给学生读故事。从二年级开始按章节读。对于学前班和一年级学生，可以让他们一起朗读。

· 概述故事要点，确保学生记住每个章节的内容。

· 两人一组或多人一组复述故事内容，听者进行纠正。

· 每次开始新章节之前简要回顾一下前面的故事内容。

· 分组背诵文章节选，每天进行简短排练。为学生提建议，确保发音正确。

· 教学生如何根据不同角色、标点符号和重音的要求改变自己的声音。留出时间不断尝试。

· 如果各组在朗诵段落时能够做到发音清晰、表达到位，就可以在全班面前进行表演。

· 单词和句子级别的任务主要围绕从文章中节选出来的两段内容展开。也可以用更多章节进行练习。

围绕每个故事完成任务，并在最后安排下列形式的集体活动或分享活动：

1. 经常复习单词任务内容，定期诵读，注意发音。

2. 让学生练习用自己的话复述故事内容，朗读节选内容，并注意标点符号的使用。

3. 排演戏剧和舞蹈，可以邀请别的班级的同学观看，也可以演奏乐器。

4. 在教室或走廊墙壁上展示学生的艺术作品。

5. 将学生习作结集成册并展出。

学前班：第二学期。莫里斯·桑达克，《野兽国》[16]

词汇与句子

· 制作下列标签并让学生分别配图：Max（迈克斯）mother（妈妈），wild thing（野兽）。

· 制作下列标签并让学生分别配图：boat（船），bed（床），room（房间）。

· 按字母顺序排列下列单词并写在一张海报上：the, his, and, made, of, one, another, said, he, was, to, in, a, with, an, by, for, out, 以及 are。

· 将故事内容印在一张大纸上，学生发现以上某个单词时可以随时报告。

· 在纸上写出下列句子并展示："his mother called him WILD THING！"（妈妈呵斥道：小野兽！）；"he was sent to bed"（让

他去睡觉）；"in Max's room a forest grew and grew and grew"（迈克斯的房间里长出了树，一棵接着一棵——长成一片森林）；"Max said 'BE STILL'"（迈克斯说："不许动！"）；"he smelled good things to eat"（他闻到饭菜的香味）；"It was still hot."（还是热腾腾的呢。）。

· 学生在故事中发现上述短语或句子时可以随时报告。

阅读

· 讨论这本书，让学生分别指出"封面""开头""结尾""一页""一行""一个词""一个字母"以及"标题"。告诉学生，这些文字是莫里斯·桑达克写的，上面的画也是他画的，因此他就是这本书的"作者"。

· 教师在读书时，翻书的动作要尽量夸张一些，可以告诉学生："你们也要这样看书，从右向左翻页。"

· 让学生跟着教师重复这个动作。

· 用手指着书一行一行地读，要将手指停留在关键词上，并重复读这些关键词。

· 让学生用自己的话讲故事，然后问他们刚刚讲的这个故事和书上说的有哪些不同。

· 让学生画出迈克斯在胡闹时还可能做哪些事。

· 分组讨论：

1. 为什么妈妈让迈克斯去睡觉。

2. 他的卧室里发生了什么？

3. 事情真的发生了吗？

4. 他去了哪里，是怎么去的？

5. 他在路上花了多长时间？

6. 野兽都长什么样？

7. 迈克斯对他们做了什么？

8. 野兽们对迈克斯做了什么？

9. 他们一起做了什么？

10. 这一切是如何结束的？

写作

· 两人一组，编一个被命令很早上床睡觉的故事，并讲给全班听。

· 大一点儿的孩子可以帮忙把故事记录下来。

舞蹈与戏剧

· 通过游戏，尽可能多地练习使用书中的单词。

· 利用文中的这一句："就在那个夜晚，迈克斯的房间里长出了树，一棵接着一棵——长成一片森林。"

· 让学生：

1. 将身子紧紧蜷缩成一团，然后慢慢伸展，变成大树，长出藤蔓，长成灌木丛，最后长成一片森林。

2. 回想一个有着"可怕的咆哮""可怕的牙齿""可怕的双眼"以及"可怕的利爪"的野兽，然后尝试模仿它的样子。

3. 两人一组进行一个场景的即兴创作。其中一人扮演迈克斯，他正在"一个接一个地搞着恶作剧"，另一个人扮演妈妈，对着迈克斯呵斥道："小野兽！"

4. 表现"胡闹"的场景，让学生在教师的控制下充分展现疯狂。

· 喊停，教师要说"现在，停！"，然后威胁说："没有晚饭，都去睡觉！"

音乐
· 让学生用打击乐器表现迈克斯房间里生长出森林的场景，并为"狂闹一番"的舞蹈场景伴奏。

绘画
· 让学生为自己创作的故事配图。

一年级：第一学期。朱迪斯·克尔（Judith Kerr），《爱忘事儿的莫格》（*Mog, the Forgetful Cat*）[17]

文章
节选1

莫格总在花园里玩到忘形。

什么味儿她都要嗅一嗅。

什么鸟她都要追一追。

什么树她都要爬一爬。

她追着自己毛茸茸的大尾巴

追了一圈又一圈。

她转头就把猫洞忘了个干净。

忘了自己可以钻洞。

等她要回屋的时候，

想不起来该怎么进去。

结果她只能坐在厨房的窗户外面

喵呜喵呜叫人来给她打开窗户。

节选 2

莫格跑出房间

穿过屋子

从她的猫洞里钻了出去。

她非常伤心。

花园里漆黑一片。

屋子里也漆黑一片。

莫格坐在黑暗里，

越想越害怕。

她想啊："没人喜欢我。

他们都上床睡觉去了。

没人可以让我进门。

他们甚至没给我准备晚饭。"

然后她突然注意到一件事。

屋子里并不是漆黑一片。

一个小光点儿正在移动。

词汇与句子

节选 1

· 将下列单词抄在展示板上：Mog（莫格），ran（跑），big（大），cat（猫），以及 let（让）。

· 让学生在段落中找一找这些词，并且要让学生**经常**使用这些词。

· 让学生从段落中挑选一句话，例如"She chased the birds."（什么鸟她都要追一追。），并为这句话配图，将这句话写在图的下方作为说明。

节选2

· 将下列单词抄在展示板上：sad（伤心），sat（坐），bed（床）、not（不），以及 was（是）。

· 让学生找到更多基础词的例子，并添加到单词表上。

· 把这段内容打印在一张纸上。让学生找出文中的大写字母和句号，用红色笔圈出大写字母，用蓝色笔圈出句号。

阅读

· 再读一遍故事。让学生描述图片内容，并将描述用文字记录下来，打印后附在图片下方。

· 让学生讲一讲关于宠物的那些有意思的事，特别是宠物做过哪些事情令爸爸妈妈说出"真讨厌！"这种话。

· 分组背诵一段约12行的内容，然后用自己的话讲故事。

· 讨论自己讲的故事和故事原文的差别。

· 两人一组，描述花园在白天和晚上的样子。

· 学有余力的学生可以读一读其他关于"莫格"的书，并在课上讲给其他同学听。

写作

· 让学生写一写自家宠物身上发生的有趣的事，也可以编一个关于宠物的故事。

· 让学生制作一本简单的宠物故事书，方法如下：

1. 用 A5 纸画出关于这个故事的图片。

2. 在每张纸上写一句话或者一句说明。

3. 将一张 A4 纸对折，当作封面，再在上面画一幅画，上方写上标题，下方写上"某某作、某某画"。

4. 将每一页用少量胶水粘在一起并贴到封面内侧。

舞蹈与戏剧

· 让学生：

1. 首先蜷缩成一团，模仿猫睡觉的姿势，然后像猫一样舒展身体、走路、奔跑，可以从书上的插图里找灵感。

2. 假装是猫，用默剧的形式演绎书里发生的事。

3. 用自己的语言和动作表演某个事件。

4. 用自己的语言和动作即兴表演屋里来了小偷的场景。

5. 要包括一些书中角色实际使用过的词汇。

绘画

· 让学生运用包括彩铅在内的各种工具练习绘画，美化学生自创的故事书。

音乐

· 学生创作简单的音效来配合表演。

二年级：第一学期。安东尼娅·巴伯（Antonia Barber），《老鼠洞的大姐猫》（*The Mousehole Cat*）[18]

文章
节选 1

从前有个小渔村，村里住着一只名叫莫泽（Mowzer）的猫，不过大家更愿意叫她"大姐猫"。

大姐猫住的小屋可有些年头了。从窗户可以俯瞰外面的海港。屋里摆着一把旧摇椅，椅子上放着拼布靠垫，她还养着一个叫汤姆的老渔夫当宠物。

大姐猫有很多猫儿猫女，但孩子们都已长大，离开家独立生活去了。

她的大儿子在码头边开了一家小酒馆。那里总是喧闹不休、乌烟瘴气的，大儿子养的宠物男人有一次打酒的时候，还把啤酒洒到了大姐猫的头上。

所以她不经常去那里。

大姐猫其中一个女儿在街角开了一家杂货店。那里生意很忙，人来人往的。女儿养的宠物女人有一次称菜的时候，还踩到了大姐猫的尾巴。

所以她也不常去那里。

有时候，大姐猫觉得孩子们都没把自己的人类宠物训练好。

她自己的宠物叫汤姆，他实在乖巧得很。他给大姐猫的碟子盛奶油汤的时候从不会把汤洒出来。他总是把炉火烧得旺旺的，火焰发出美丽的金色光芒。他摇摇椅的速度总是恰到好处。大姐猫想要被挠时，他一准儿能挠到她左耳后面最舒服的地方。

更重要的是，他从不浪费时间打酒或者给蔬菜称重。

节选 2

于是风暴猫（the Great Storm-Cat）又开始折腾他们，就像猫在戏耍老鼠。当他们驾船奋力划向捕鱼的海域时，风暴猫会稍微收回爪子，但紧接着又举起他那巨大的猫爪搅起一阵泡沫和水花。但他还不至于动爪将他们拍翻，因为那样游戏就没意思了。

当他们终于抵达捕鱼的海域时，海面波涛汹涌，老汤姆很难把网撒出去。

"我想你必须继续唱歌，大姐猫，我的美人儿。"老汤姆说，"似乎只有你的歌声才能安抚这片大海，就像古代的海妖那样。"

于是大姐猫又唱了起来，比之前唱得更久、更大声。事实上，老汤姆不得不捂住耳朵，这样才不会在捕鱼时因为大姐猫的歌声而分心。

于是，风暴猫又暂时偃旗息鼓了。他和她一起唱歌，直到老汤姆稳稳地将渔网撒进海中。

整整一天，他们都在浪花翻滚的海里捕鱼。浪头那么高，云层那么低，没过多久他们就看不见海岸了。

风暴猫依然不时拨弄那只小小的渔船，撞它一下，又松开一会儿，但始终没有把船弄沉。他一旦露出锋利的爪子，大姐猫就会唱歌给他听，平息他的愤怒。

词汇与句子

节选 1

· 将下列单词抄在展示板上：**ow**—Mowzer, crowded; **ow**—own, grown, glow。

· 让学生在节选的段落中找一找这些词。

· 写出发 ee 音的词，例如 quayside、either、cream、beautiful 和 speed。让学生找到更多类似的例子并列在展示板上。

· 根据上下文，让学生猜一猜 harbour（海港）、range（炉灶）、quayside（码头边）和 drawing a pint（打酒）都是什么意思。

节选 2

· 复习"元音"（vowel）和"辅音（consonant）"。让学生在节选内容中任意挑选一句话，找到并列出其中的 5 个辅音和 3 个元音。

· 写出以 **ed** 结尾的单词：played, spoiled, reached, forced。让学生写出这些单词的动词原形，并制作一张图表，要这样写：play—played, spoil—spoiled, 等等。

· 复习大写字母的用法：用在句子的开头，以及姓名、标题和头衔的首字母。让学生在节选内容中找出含有大写字母的单词，列出来并说一说它们属于句子的开头还是名字的首字母。

阅读

· "那窗户看上去是多么温暖和亲切啊。"让学生预测大姐猫和老汤姆接下来会遇到什么。

· 让学生背诵节选内容，并用自己的话复述。他们有没有发现两者的不同？

· 还是按照原先分好的小组进行讨论，在下列情况下分别发生了什么事情：

　　1. 当"可怕的冬天"来到的时候？

　　2. 当老汤姆和大姐猫坐船离开港口之后？

　　3. 当大姐猫唱歌的时候？

· 继续讨论在下列情况下"做了什么"：

　　1. 当大姐猫发出呼噜声时，风暴猫做了什么？

　　2. 发现老汤姆的船不见了的时候，老鼠洞村的人们做了什么？

以及为什么做：

　　1. 为什么大姐猫喜欢老汤姆？

　　2. 为什么老汤姆要冒着暴风雨驾船出海？

　　3. 为什么大姐猫要和老汤姆一起冒着暴风雨出海？

写作

· 让学生写一写：

　　1. 阅读和讲述节选故事内容时的区别。

　　2. 对于上面讨论的问题给出回答。

· 让学生回忆自己曾经经历过的某次危险，写一篇故事，要包含清晰的开头、中间和结尾，然后讲给同伴听，继续修改完善。这个故事要有：

　　1. 人物，他们住在哪里，喜欢做什么。

　　2. 危险的情况是怎么出现的。

　　3. 人物角色身上发生了什么。

　　4. 整个事件是如何结束的。

舞蹈与戏剧

· 探索海浪的各种运动方式，编成一段舞蹈。让学生：

1. 模仿小波浪的样子，慢慢碎裂再重新聚拢，嘴里发出"唰唰"的声音。

2. 波浪碎裂的大小和强度逐渐增大，"唰唰"声也越来越大。

3. 两人一起、三人一起、四人一起，以此类推，风浪越来越大，声响也越来越大。

4. 试着让波浪呈现猫的特征，比如手指弯曲模仿猫爪，或者露出牙。

· 模仿"风暴猫"的样子，全班一起组成一个巨大波浪的形状，上升、碎裂、下降，然后再次上升，大声地嚎叫、喵呜——喵呜——地叫。

音乐

· 让学生模仿猫叫和海浪的声音，具体方法如下：

1. 模仿猫的叫声。

2. 模仿海浪的声音。

3. 用人声表现一组声音模式，模仿海浪从轻轻碎裂开去到风暴猫卷起巨浪的过程，增添猫叫的效果，直到两者合二为一，声音渐强。

· 增加大姐猫的歌声和咕噜声，让大海平静下来。让学生：

1. 模仿一种更加甜美的猫叫声——喵喵叫、咕噜声，注意不是龇牙咧嘴地叫，也不是低声嘶吼。

2. 在声音渐强的时候增加上面的叫声，使风暴猫安静下来。

绘画

· 让学生：

1. 想出各种不同的方式来表现风暴猫，尝试呈现一场看起来有猫的感觉的海上风暴。

2. 先用软笔涂鸦，试着寻找作画的灵感。

3. 想想具体该怎么画。

4. 在一张大的画纸上用粉笔勾勒基本线条。

5. 调色。

6. 画一幅"风暴猫"主题的画，用刷头笔蘸取颜料，尝试呈现各种形状。

· 为班级个人故事选集制作插图。

三年级：第一学期。罗尔德·达尔，《世界冠军丹尼》（*Danny, the Champion of the World*）[19]

文章
节选1

我必须先打住，给大家介绍一下维克多·黑泽尔先生（Mr. Victor Hazell）其人。他是一位啤酒酿造商，拥有一座庞大的啤酒厂。他的财力雄厚到让人词穷，他的产业遍布山谷两侧，绵延好几英里。这儿周围几乎所有的地都归他，包括路两边的所有产业。唯一例外的就是我家加油站所在的这一小块地方。这一小块地是我父亲的，就像是黑泽尔先生一望无际的产业汪洋中的一座孤岛。

黑泽尔先生是个牛气哄哄的势利小人，拼了命都想挤进他认为是体面人的那个圈子。他骑马打猎，举办狩猎晚会，穿着华丽的马甲。每到工作的日子，他都会开着一辆阔气的银色劳斯莱斯，从我们的加油站一旁驶过，去他的啤酒厂上班。当车子飞驰而过的时候，我们偶尔能瞥见车轮上方那张巨大且满面红光的酒糟脸，粉扑扑跟火腿似的，因为喝了太多啤酒而变得又软又肿。

"不喜欢，"父亲说，"我一点儿也不喜欢维克多·黑泽尔先生。我可忘不了去年他来这里让你给他加油时说话的那副样子。"

我也忘不了。黑泽尔先生开着他那辆锃亮的劳斯莱斯，把车停在加油机旁边对我说："油箱加满，机灵点儿。"那时我才8岁。他没有下车，只是把油箱盖的钥匙递给我，一边还大声嚷嚷："你那脏手可给我规矩点儿，明白吗？"（第52至第53页）

节选2

"那是护林员的头儿，"父亲说，"他叫拉贝茨（Rabbetts）。"

"那我们只能回家了吗，爸爸？"

"回家？"父亲叫道，"小子，好戏才刚刚开始！到这儿来。"

我们右边有一扇门通向一块田地，于是我们爬过去，在树篱后面坐了下来。

"拉贝茨先生差不多该吃晚饭了，"父亲说，"不必担心他的问题。"

我们安静地躲在树篱后面，等着护林员回家，他会从我们身边经过。天空上有几颗星星露了出来，一轮清晰的明月从我们身后东边的山顶升起，差不多有四分之三那么圆。

"我们得小心那条狗，"父亲说，"护林员和狗走过去的时候你要忍住，千万别动。"

"那狗会不会闻到我们的味道啊？"我问。

"不会，"父亲答道，"没有风，咱们的气味儿吹不过去。注意！他们过来了！别动！"

护林员的步子很轻，沿着小路走了过来。那条狗也"啪嗒啪嗒"地迈着小碎步跟在他后面。我深吸一口气，等着他们走过去。

当他们走远了一点儿，父亲站起身说："警报解除，他今晚不会再回来了。"

"你确定？"

"非常确定，丹尼。"

"另外那个人呢？就是空地上的那个？"

"他也会走的。"

"他们当中会不会有谁埋伏在小路旁边等着我们啊？"我问，"在树篱的缺口那儿？"

"那样做没有任何意义，"我父亲说，"从黑泽尔的森林出来，至少有20条路可以走到大路上。拉贝茨先生也清楚着呢。"

不过为了以防万一，我们还是在树篱后面多待了几分钟。

词汇与句子

节选 1

· 根据上下文提供的线索，让学生猜一猜下列单词的含义，然后查字典确认：brewery（啤酒厂），property（产业），belonged（归属于），vast（一望无际的），glistening（锃亮的），以及 inflamed（肿胀的）。

· 让学生列出文中的三音节单词。

· 让学生将含有字母组合 **tch** 的单词写下来：stretch, patch，catch。

· 让学生想一想还有哪些字母组合也可以发 **tch** 这个音：（"much"）。

节选 2

· 让学生找出更多三音节单词并添加到图表上。

· 让学生找到并写出下列动词：climbed（爬），sat（坐），padding（啪嗒啪嗒地走），waiting（等着）和 stayed（待着）。并加上执行这些动作的角色的名字（名称）。

· 带学生复习引号、感叹号和问号的用法。

· 分组在节选的内容中找一找这些标点符号，找出有哪些人物说话，谁的话用了感叹号，谁问的问题最多。

阅读

· 读完第八章后，让学生比较第八章（第 73 页）的第一段和第一章（第 15 页）的最后一段，说一说哪些单词、短语和句子令人产生两种截然不同的感觉。

· 按照之前的分组讨论下列问题：

1. 比较故事里的加油站和现在的加油站。

2. 他们在家里听过的故事。

3. 上学的重要性。

4. 最喜欢的消遣活动。

5. 偷猎野鸡——对还是不对？

· 读完第十六章之后，分组朗读其中 3 页并将其改编成剧本，方法如下：

1. 大声轮流朗读各段，尝试表现出声音上的变化。
2. 决定谁来说角色的话，谁来读故事。

写作

· 让学生：

1. 将讨论的内容写下来。
2. 围绕下列人物之一写一篇文章：丹尼、丹尼的父亲、维克多·黑泽尔先生、斯宾塞医生（Doc Spencer），或者兰开斯特上尉（Captain Lancaster）。
3. 描述故事里最喜欢的一件事，并说出理由。
4. 为故事增加一个事件，很短的故事即可，要包含大量对话，确保正确使用标点符号。
5. 根据本书第三章"有剧本的戏剧"中给出的建议，将各自写的稿子编成剧本。

· 让学生根据书中的事件和主题，构思并撰写一个故事，具体方法如下：在很多年以前的一间教室里；差点儿被抓住；想出一个把戏；疯狂的冒险；遇见某个令人害怕的大人；自己面临的选择。

舞蹈与音乐

· 让学生：

1. 添加声音效果，为剧本里的各种声音创作音乐，可以用打击乐器或键盘来创作。
2. 根据自己的故事即兴创作舞蹈。

绘画

· 让学生根据文中对环境的描述，画出不同场景，例如：展现黑泽尔的林子的内部景象和外部景象。

· 作为拓展，给学生展示过去的艺术家以森林为主题创作的作品。

· 让学生：

  1. 根据书中的描述绘制人物角色肖像画，要和本书插画作者昆廷 · 布莱克（Quentin Blake）的画有所区别。

  2. 用类似于昆廷 · 布莱克的简单的卡通风格为自创故事绘制插图。

四年级：第二学期。丹尼斯·卡特，《拼错字王国》[20]

文章
节选 1

杰伊（Jay）开始往海里跑。彭妮（Penny）也一蹦一跳地跟了上去。他们踏着浪，溅起的巨大银色水花像碎玻璃一样四散开去，还夹杂着黄褐色的沙子和鹅卵石。从旅馆出来后，他们就像是入侵部队的第一阶段，浑身是水，直到精疲力竭地沉到水面以下。毫无疑问，有人肯定希望他们淹死。但他们最终还是从海里出来了，一头倒在各自的气垫床上，边喘着粗气边哈哈大笑。

趁着因为吵架又重新和好的这个兴头，彭妮买了两个冰激凌。从两人开始舔冰激凌时算起，他们才终于开始享受这个假期。杰伊把他的气垫床搬到离彭妮更近的地方，用无聊时经常会做的事情打发时间，比如给那边挨着他们的父母、正在晒日光浴的一家人编一些粗俗的故事。

杰伊说："你看见他们家的爸爸了吗，有啤酒肚那位？"

彭妮回答："看到了，他肚子可真大，就像……就像凸起的驼峰。和骆驼一样的，你懂吧，只不过是长在正面的。"

杰伊喜欢这个比喻，他补充道："我时不时能看到他那个驼峰上上下下地略微抖动。是从他的肚子那里开始抖动的……"

"……而且一直抖进他的喉咙，"彭妮说。"哦大师，请告诉我，"她继续说道，"是什么造成了如此令人吃惊的抖动呀？我敢肯定是那个'骆驼人'喝了一点儿水……我的意思是啤酒，从他的驼峰里出来的水。"

"他们妈妈那个晃悠悠的屁股和他们爸爸那个颤悠悠的驼峰抖起来还真是协调。事实上，她是河马妈妈。"杰伊加重了语气。

"骆驼——肚——爸爸。"彭妮接着说道。

"和河马——臀——妈妈。"她来了个对仗。

"多么令人颤抖的可怕的一对啊！"他们异口同声地唱了起来。然后他们开始寻找其他"野兽"，想要编更多粗俗的故事和歌谣。但还没来得及这么做，他俩就沉沉地睡了过去。（第5至第6页）

节选2

他们继续着这段旅程。黎明的灰暗渐渐融化，透出蓝色，黑暗就像脏抹布被阳光洗刷得干干净净。新鲜的晨风吹拂着他们。他们的表情严肃而安静，仿佛意识到这项任务的艰巨性和正等待着他们的种种危险。布鲁特（Brut）摇摆着身体，步伐沉稳而有节奏。费格林（Figling）在他们头顶时而振翅，时而滑翔。更远的空中有一行排成 V 字队形的小鸟，就像银色的小点，它们能看到一切正在发生或即将发生的事情。

他们慢慢攀上一处景色壮丽的高地。那里的空气是如此甜美，就像饮下最美味的佳酿，让他们的精神为之一振。杰伊想，置身于这片土地，就像是来到了书中经常读到的伟大的神之国度。他想象自己见到了宙斯或沃登（Woden）。

"这里，"他想着，"很可能就是雷神托尔（Thor）制造锤子的地方。要不然，这整个岛很可能就是奥德修斯在特洛伊战争（the war of Troy）后的 20 年航海之旅中曾经造访过的岛。这里有那么多岩山，其中某处很可能是独眼巨人波吕斐摩斯（Polyphemus）的家，他喜欢吃奥德修斯那帮人。"

布鲁特打断了杰伊的白日梦。布鲁特停下脚步，抬起一只前脚，指着北面的几处岩石细细的尖角说："那些山和周围那片不毛之地都是特尼格（Turnig）的领土。那些是岛上最高的山，那里的岩山比其他任何山峰都要陡峭和崎岖。特尼格人就住在山中的洞穴里。他们发起攻击时会从各个方向出现，各个方向，你根本不知道接下来他们会从哪里冲过来。不过，你们俩别担心。我们会绕着他们走。"

词汇与句子

节选 1

· 将下列单词写在图表上：**bb**—wobble；**cc**—according；**ll**—following, hopefully, collapse, eventually, belly；**nn**—Penny, running；**pp**—dropped；**rr**—terrifically；**tt**—shattering, little.

· 把 invasion 这个单词分解成它的组成音节: **in-va-sion**。

· 让学生:

1. 练习分音节和整个单词的发音与拼写;

2. 继续用下列单词重复这项练习: exhaustion、according、becoming、something、sunbathing、comparison。

· 练习书写以 **ly** 结尾的副词: hopefully、eventually 和 terrifically。让学生说出下列单词的词根, 并讨论这些单词有哪些不同: hopeful、eventual 和 terrific。

节选 2

· 复习形容词。

· 让学生:

1. 找出描述下列名词的形容词: winds(风)、birds(鸟)、air(空气)、drink(佳酿)、foot(脚步)、land(土地)以及 rocks(岩石)。

2. 找出可以替换的形容词, 说一说这些形容词会如何改变节选文章的意思。

3. 思考第一段中运用了哪些修辞手法: "黎明的灰暗渐渐融化, 透出蓝色", "黑暗就像脏抹布被阳光洗刷得干干净净", "新鲜的晨风吹拂着他们"。说一说这些修辞手法给人留下了怎样的印象。

阅读

· 讨论虚构世界, 让学生猜一猜《拼错字王国》的作者是如何创造出书中的两个王国的?

· 在他们说出自己的猜测之后, 向学生介绍作者的创作过程:

1. 丹尼斯 · 卡特在教三年级的孩子时, 看到班上同学犯的一些奇怪的拼写错误感到特别有意思。他开始以此创造一些虚构的生物。第一个虚构生物叫"布鲁特"（Brut），其实它就是"brought"这个单词的拼写错误！

2. 在为这些角色写好歌词后，他开始想象这些生物可能住在哪里。

3. 然后他想知道为什么它们会是现在的样子，如果有两个孩子发现了它们又会发生什么事情。

4. 这些歌词后来变成了生物们用来进行自我介绍的歌曲。

5. 他着手创作这个故事，经过好几年的不断修改才最终定稿。

· 分组阅读第三章，从对小岛的描述中寻找一些透露异常迹象的细节。

· 读完第六章之后，让学生找出预示着某些戏剧性事件或冲突即将发生的描述。

· 继续寻找描述细节的例子，包括：（1）令读者对某些地方产生不同寻常的印象的细节；（2）令读者预见到某个戏剧性事件即将发生的细节。

· 分组回忆并列出自己曾听过的关于想象世界的故事。它们在哪些方面与《拼错字王国》相似，在哪些方面又有所不同？

写作

· 让学生：

1. 开展头脑风暴，创造一个想象中的世界并用一段文字描述，要积极运用描述性语言和比喻手法。

2. 想象在这个虚构的世界中都发生了哪些戏剧性的事件，

用一段话引出这一事件，积极运用描述性语言和比喻
手法。

· 接下来，让同学们闭上眼睛，想象这个虚构的世界。再
想象自己和一位朋友一起进入那个世界，两人是如何到达那里
的，又在那里发现了什么。

· 把故事梗概讲给一位同学听，征求意见，然后再讲一遍。

· 让学生将这个故事写下来，别忘记要积极运用描述性语
言设定故事背景，运用细节描写构建戏剧性场景。

舞蹈与戏剧

· 探索怪物和野兽的主题，模仿它们的各种形态和移动时
的样子。让学生：

1. 找出描写"怪物"或"野兽"的内容，为舞蹈和戏剧
   创作找灵感。

2. 塑造一个符合描述的伙伴。

3. 完善怪物的形象，包括面部表情、手和手臂的摆放位
   置、腿和躯干的位置，以及胸部和头部的位置。

4. 尝试展现这个怪物的形象，看看是否符合文中的描述。

5. 按照同样的程序再创作一个怪物。

6. 即兴创作一些简短的场景，其中一个角色是怪物，另
   一个角色是迷失在怪物世界里的人。

· 各组"分享"自己的怪物，即兴创作怪物碰面的场景，
然后制作包含多个场景的短剧。

· 为了配合音乐部分的内容，学生还要为每一种"拼错字
王国"的生物编一段舞蹈。

音乐

· 读完第十章后，按照本书第三章"绘画与音乐"中的建议，利用《拼错字王国》的其中一篇歌词创作一首歌。

· 用打击乐和调音乐器为歌曲和舞蹈伴奏。

绘画

· 让学生：

1. 用铅笔在速写本上勾勒所描述的场景，然后进一步完善，使之成为一幅完整的绘画作品。

2. 在绘制人物之前，要先在速写本上按照故事里的人物描述勾勒草图。

3. 进一步完善作品，画出背景，再利用学生在舞蹈与戏剧部分创作的故事和想法，画出各种生物。

五年级：第一学期。简·尼德尔（Jan Needle），《我的伙伴肖菲克》（*My Mate Shofiq*）[21]

文章
节选 1

那群巴基斯坦小孩恰好进入投掷砖块的射程，他看见怀特黑德（Whitehead）的小跟班们正把很多相当大的石头堆成一堆准备投射。这时，伯纳德（Bernard）的余光瞥见右边有动静。他冒着错过打响投石战第一枪的风险环顾四周，想着能不能看见点儿什么。

在那个方向上，伫立着一大片拥挤且残破不堪的旧房子，有一处才刚刚开始兴建的地产,另外一座厂房的废墟还没清理。那座工厂叫"老俄国"(Muscovy),里面还散落着一些织布机的破零件。伯纳德盯着那边,风直往眼睛里灌,让他流泪不止。他想要放弃,觉得肯定是自己看错了。但就在这时他看到有人藏在那片排屋的第三座房子的废墟中间,并且正逐渐向他这边爬。

他移动视线,快速瞥了一眼那群巴基斯坦小孩和怀特黑德帮,又用冻僵的手指尖戳了戳眼睛,把眼泪挤出来,以便看得更清楚。站在前面的一个小孩开始对着什么东西咯咯地笑,声音又高又尖。帕特·布鲁姆(Pat Broome)用手掂着一块石头,估摸它有多重;不过她可坚持不了多久!

那个人影已经移过一块旧草坪,伯纳德可以清楚地看见他了。原来是认识的人!和他是同一个班的!是那个叫肖菲克的家伙。肖菲克……拉曼(Rahman)还是什么的。还有两个看起来很眼熟的小女孩紧随其后。她们应该是他的姐妹,都穿着丝质睡衣,肖菲克则穿着牛仔裤和套头衫。天哪!即便是这种天气他也从来不穿外套,就穿着牛仔裤和套头衫。

伯纳德饶有兴趣地观察着他,因为他知道点儿肖菲克的事儿。当然他没有和他说过话,因为就算老师让肖菲克在课堂上回答问题,他也基本不怎么开口。他很沉默,皮肤是深褐色的,身上总有一种怪味儿,就像印度餐厅里的那种气味,所有"巴基佬"(Pakis)都一个样。不过就在几天前他刚刚揍了一个男生。那些没事就揍黑人的孩子,谁也没有碰过他一根汗毛。但他显然无法战胜博比·怀特黑德(Bobby Whitehead)。博比·怀特黑德无人能敌,他是个王牌拳手。

节选 2

当伯纳德把他们叫到一起，告诉他们肖菲克要"入伙"时，冲突再次出现，就是关于"巴基佬"这个词。就连伯纳德也没有意识到肖菲克讨厌这种叫法——甚至在给他的第一张留言条上，抬头写的就是"巴基佬"。想到这里伯纳德不禁觉得脸红——一开始他还想挤出点儿笑容，但肖菲克是认真的。

"我解释不清，"他说，"但这个词很不好。我的意思是，我不会叫你们'鬼佬'（Whities），或者别的什么……那个听起来……"

"嘻！说什么呢，哥们，"特里（Terry）说，"每个人都叫巴基佬'巴基佬'。这很正常吧！我是说，我爸爸管巴基佬叫'巴基佬'；还有'老黑'。叫西印度群岛的孩子'黑鬼'，叫中国人'中国佬'。我的意思是，这只是别人对你的称呼，没什么意思。"

"有，有的！"肖菲克说，"我告诉你，它的意思是……"他很无助。解释不清楚。

"我只是希望你们不要这么叫，仅此而已。"他只能结结巴巴地说。

"别废话！"特里不肯退让，"我爱怎么叫你就怎么叫你，你是巴基佬，就是这样。"

肖菲克开始挽起袖子。

"那好吧，臭白猪，"他一本正经地说道，"把外套脱了，臭小子，让我好好揍你一顿。"

最后莫琳（Maureen）出来打圆场，说伯纳德不许任何人叫他"伯尼"（Bernie）。叫"伯恩"（Bern）是可以的，就连叫"口水猪排"（Slobberchops）也可以。但绝对不能叫他"伯尼"。他们也讨论过这是为什么，他没解释清楚，但就是讨厌被这样叫，仅此而已。特里还不算太笨，因此同意不再叫肖菲克"巴基佬"了。

"不只是我，"肖菲克说，"每个巴基斯坦人都讨厌被这么叫，坏透了。不过谢谢你，特里。"

"好吧，我以后再也不叫巴……他们……'巴基佬'了。"莫琳说，"我觉得叫巴基斯坦人就行了。"

肖菲克咯咯地笑："或者叫印度人、孟加拉国人、孟加拉人，好吧？叫我英国人怎么样？我的出生证明上就是这么写的！"

说明

简·尼德尔的小说《我的伙伴肖菲克》敏锐地审视了20世纪70年代，英国兰开夏郡（Lancashire）一个工业小镇上困扰当地巴基斯坦人社区的种种问题。尽管自那时起，英国社会已经发生了许多变化，但种族偏见导致的问题依然存在。在这部小说中，我们看到了种族主义表现在人们行为举止上的典型特征，从看似漫不经心对少数民族文化的服饰、生活习惯、食物、语言和宗教习俗的偏见，到公然的歧视和暴力；不一而足。这部小说以诚实且有力的笔触，揭露了这一久久不愿退出历史舞台的社会顽疾。

词汇与句子
节选1
· 结合上下文，让学生在文中找到下列单词或短句并猜测意思：brick-bunging（投掷砖块）、fling（投射）、the first shot

of the war（打响投石战第一枪）、right jumble（一大片拥挤的）、estate（地产）、mill（厂房）、wrecked weaving machines（织布机的破零件）、terrace（排屋）和 clicked（紧随其后）。在展示板上记录学生的猜测。

· 讨论种族偏见问题，请学生举例说一说平常遇到的类似问题。告诉学生，种族主义经常体现在我们的日常用语中。让学生在本文的措辞中寻找体现种族主义态度的证据，比如 "funny smell"（怪味儿）、"Pakis"（巴基佬）和 "blackies"（黑佬）。

· 讨论动词。告诉学生动词能够告诉我们哪些人物在做什么事情。

· 分组追踪伯纳德、"巴基斯坦小孩"、"怀特黑德帮"和肖菲克的行动：

1. 讨论这些角色在做什么并写下来，例如："Bernard is watching"（伯纳德在观察）；"Shofiq is creeping up to defend the Pakistani kids"（肖菲克正在往前爬，想要保护那些巴基斯坦小孩）。

2. 列出和这些角色有关的动词，例如：Bernard——caught，looking，watched（伯纳德——"瞥见""看""观察"）。

3. 写出这样的描述给人怎样的印象，例如：Bernard——watched（伯纳德——"观察"）给人的印象是这个人正静止不动。

节选 2

· 分组讨论肖菲克和特里之间的争论。为什么"巴基佬"这个词含有冒犯的意味？要让学生清楚地认识到，很多年以来，那些抱有偏见的人一直都轻蔑地称巴基斯坦人为"巴基佬"，这个词是一种对对方的辱骂。

· 两人一组，观察对话部分的文字布局，总结规律并写下来，例如：新开始一段对话时应该另起一行；说话内容最后的逗号或句号后面要加上后引号。全班讨论。

· 两人一组，将直接引语变成间接引语，例如："'我解释不清，'他说，'但这个词很不好'"，变成"他说他解释不清，但这个词很不好"。讨论哪种形式更好，为什么。

阅读

· 让学生围绕一个主要人物或者一组角色做记录，随时记录下列内容：

1. 说过的话。是积极的还是消极的，或两者都不是？

2. 行为。这个角色到底做了什么？是积极的还是消极的？

3. 描述。作者是如何描写这个角色的？是正面的还是负面的？

4. 喜欢还是不喜欢这个角色？会为角色感到难过吗？还是对这个角色有其他感觉？

5. 人际关系。这个角色和其他人相处得好还是不好？还是两者都不是？

· 分组调查报纸和电视上报道过的种族主义问题，记录并讨论：

1. 报道的事件类型。

2. 涉及暴力的数字信息。

3. 警察或其他当局采取的行动。

· 分组讨论巴基斯坦人社区和白人社区的异同。

写作

· 学生根据自己的笔记撰写一份对某个角色或者某一组角色的评价。

· 学生根据本书第三章"制作剧本"中的建议，将第十五章之后的某一章改编成剧本。

舞蹈与戏剧

· 让学生：

1. 排练一出戏剧，并形成剧本，以便今后与观众分享。

2. 用真人模特（如本书第三章所述）演绎文中主要场景，体现重要事件的精华。例如在书中第72—73页，伯纳德从肖菲克家的窗户看到了一个非常具有戏剧张力的场景：那里有三个男性和两个女性，其中一个男性处于中心位置，其中的母亲坐着，站在她身边的一个女儿正拥抱她。

绘画

· 让学生：

1. 根据对人物角色的描述，在速写本上先画出人物草图，然后选择一种绘画材料创作一幅较大的肖像画。如有必要，可以研究一下巴基斯坦人的着装。

2. 用真人模特演绎文中的主要场景，以此为基础创作插图。真人模特要保持静止，让学生在速写本上完成素描草图，然后进一步完善，呈现一幅完整的作品。

六年级: 第三学期。尼娜·鲍登(Nina Bawden)
《嘉莉的战争》[22] 对比米歇尔·麦格里安(Michelle Magorian)《晚安,汤姆先生》[23]

文章
节选 1

嘉莉(Carrie)时常梦回这里。在梦里,她重新变成12岁;穿着红色的袜子和好几处磨损的棕色凉鞋,小腿上到处都是抓挠过的痕迹,沿着铁轨边上狭窄的土路一直走,从高高的山脊一头扎下去,穿过德鲁伊林地(Druid's Grove)。这片林地里的紫杉树绿得发暗,它们太古老了,一棵棵歪斜扭曲着,就像得了关节炎的手指。在嘉莉的梦里,这些手指伸向她,在她逃跑的时候拉扯她的头发和裙摆。从梦中惊醒之前她总是在不停奔跑,跑出房子,跑上山,跑向铁轨。

但当她真的带着孩子回到这里时,铁路线已经被废弃了。铁轨的枕木都被掀起来,平坦而石头遍地的山脊上被黑莓、野玫瑰和榛子树丛层层覆盖。走在这里就仿佛是在穿越童话故事里那片被遗忘的丛林,那片环绕睡美人城堡的荆棘丛林。嘉莉的孩子们扯掉牢牢钩在牛仔裤上的荆棘枝条,说:"几百年都没有人来过这里啦……"

"不是几百年,**是几千年……**"

"十万年。一百万、十亿、一万亿年……"

"只有差不多三十年,"嘉莉说。她说得好像根本没有时间概念。"三十年前,我和尼克叔叔(Uncle Nick)在这里。战争期间,就是英国和德国交战的时候。政府把小孩们送出城市，这样他们才能免于被炸死。没人告诉我们要去哪里。只是让我们带着盒饭和换洗的衣服到学校集合，然后和老师一起去车站。整列火车的孩子就这样被送走了……"

（《嘉莉的战争》）

节选2

"来了，"汤姆一边打开前门一边脱口而出，"你要干吗？"

一个看起来满脸疲态、身穿绿色外套、头戴一顶毡帽的中年妇女站在他家的台阶上。他瞥了一眼她袖子上的袖标。她尴尬地对他笑了笑。

"我是本地区的营舍管理官。"她开口说道。

"哦好的，那跟我有什么关系？"

她微微脸红。"好吧，这位……这位……"

"奥克利。托马斯·奥克利（Thomas Oakley）。"

"啊，谢谢你，这位奥克利先生。"她停顿了一下，深吸一口气，"奥克利先生，随着宣战迫在眉睫……"

汤姆挥挥手。"这些我都知道。说重点吧。你想干吗？"他注意到她身边有个小男孩。

"我是为他的事儿来找您的，"她说，"我和其他人正要去你们村的议事厅。"

"其他人？"

她闪到一边。在墓地尽头的大铁门后面有一小群孩子。他们中的许多人看起来肮脏不堪，衣衫褴褛。只有少数人穿着运动上衣或者外套。他们的样子又困惑又疲惫。站在前排的深色头发的小女孩手里紧抓着一个簇新的泰迪熊。

那个女人拍了拍身边的男孩，把他向前推了推。

"没必要再讲了，"汤姆说，"这是义务，是为了战争。"

"您有权选择孩子，我知道的。"女人抱歉地说。

汤姆哼了一声。

"但是，"她接着说，"他妈妈希望他能和信教的人或者住在教堂附近的人待在一起。她很坚持。她说只有这样她才同意让孩子撤离。"

汤姆又看了那孩子一眼。这个男孩很瘦弱，一副病恹恹的样子，脸色苍白，淡黄色的头发软塌塌的，灰色的眼睛有点儿呆滞。

"他叫威利（Willie）。"女人说。

一直盯着地面的威利抬起头来。在他的脖子上挂着一根绳子，两头拴在一张纸板上。上面写着"威廉·比奇（William Beech）"。

汤姆已经60多岁了，是个健壮、强悍、结实的男人，一头浓密的白发。尽管他的身高只能算中等，但在威利眼中他就是一个高大的巨人，皮肤就像粗糙、皱巴巴的棕色厚纸，说起话来就像打雷。

他瞪着威利。"快进来。"他突然冒出来一句。

（《晚安，汤姆先生》）

说明

·《嘉莉的战争》应当作为老师给学生朗读的主要小说。《晚安，汤姆先生》则应该作为辅助内容，供学生分组阅读，因此需要多准备几份复印件。

· 读《嘉莉的战争》时不要做任何删减。但由于《晚安，汤姆先生》在描写威廉·比奇在伦敦的问题以及他与汤姆·奥克利日渐紧密的关系时更复杂，因此将第十九章到第二十三章做了删减处理。

词汇、句子与文章

对比两段节选

· 这两段节选都是原书的开篇第一段。让学生：

1. 判断这两部书都是从谁的视角来写的，找出证据。

2. 说一说作者采用什么方法把读者带入故事，方法是如何奏效的。

3. 比较两部书的句子长度，解释一下为什么这部会用比较长的句子。

4. 比较两部书中直接引语出现的数量，每个角色说话的频率，并讨论这对激发读者的兴趣有何影响。

5. 调查学生从中了解到哪些关于战前疏散的事，将他们从每一段节选中读到的事实信息列出来。

6. 分别讨论这两部书给人留下的整体印象。

7. 为写作做笔记。

《嘉莉的战争》

· 让学生选择下列角色之一做记录：嘉莉、尼克、埃文斯先生（Mr Evans）、卢阿姨（Auntie Lou）、约翰尼·戈特贝德（Johnny Gotobed）、赫普齐芭·格林（Hepzibah Green）和阿尔伯特·桑威奇（Albert Sandwich），并在每一章的结尾处将人物出现的情况记录下来，具体方法如下：

1. 角色做了什么？

2. 角色和其他角色相处得怎么样？

3. 角色有没有表现出新的态度或行为？

· 读完第十章，让学生根据记录撰写一份人物研究报告。

· 分组列出每一章结束时发现了哪些关于战争的新事实。

· 读完第七章，让学生整理自己的笔记，讨论并分享。对比埃文斯先生的杂货店和德鲁伊巴登（Druid's Bottom）并写下来，具体方法如下：

1. 描述杂货店和它周围的街道及城镇。

2. 描述德鲁伊巴登和它周围的乡村。

3. 比较杂货店的生活和德鲁伊巴登的生活。

4. 你更喜欢住在哪里？为什么？

· 让学生：

1. 写读书笔记，总结故事中最重要的事件，并记录自己对这些事件的感受。

2. 读完故事后，以其他班的某个学生为对象，撰写故事梗概和简短的书评。

《晚安，汤姆先生》

· 让学生选择下列角色之一做记录：汤姆、威利、威利的母亲、扎克（Zach）或者露西（Lucy），并在每一章的结尾处将人物出现的情况记录下来，具体方法同上。

· 分组列出每一章结束时发现了哪些关于战争的新事实。

· 让学生：

1. 做笔记（在读完第十八章之后），比较威尔伍德小镇（Little Weirwold）、威利的家以及伦敦的街道，并写下来。

2. 写读书笔记，总结故事中的重要事件和自己的感受。

3. 读完故事后，以其他班的某个学生为对象，撰写故事梗概和简短的书评。

对比《嘉莉的战争》和《晚安，汤姆先生》

· 利用人物记录，分组比较以下内容：

　1. 尼克和威利。

　2. 埃文斯先生和汤姆。

　3. 阿尔伯特·桑威奇和扎克。

· 分组讨论：

　1. 举例阐述哪本小说提供了更多关于战争的信息；

　2. 哪位作者对事件的背景描述更为有效；

　3. 说出每部小说中最重要的三个事件。

· 让学生写一篇文章，比较两位作者谁能一直吸引读者的兴趣，对人物和背景的描写，以及每本书的优缺点。

创作故事

· 找到一位战时年龄还很小的人，然后：

　1. 请此人讲述战争期间的童年经历；

　2. 将讲述的内容记下来；

　3. 与当事人确认故事细节；

　4. 复述给朋友和他们的家人听；

　5. 标记哪些事件会被写进故事里，将以何种顺序出现；

　6. 确定人物角色和故事背景；

　7. 集中精力完成初稿，不要查字典或词典；

　8. 用批判的眼光检查每一章的内容，可以使用字典或者词典；

　9. 请一位朋友读故事，寻求建设性的批评意见；

　10. 完成最终版本。

舞蹈、戏剧与音乐

· 分组讨论如何制作一部戏剧，展现第二次世界大战期间大后方的生活，要记住下列几点：

1. 多利用小说素材、历史书籍和影像资料；
2. 可以借用学生正在创作的故事中的情节；
3. 老师只能在必要的时候提供建议；
4. 利用连续动作；
5. 用创作或录制于那个时期的音乐来营造气氛。

绘画

· 让学生：

1. 在两本小说中找到一段描述，要能体现对某个地方的回忆之情，并以此为基础创作一幅画。可以使用任何材料进行创作，甚至包括三维材料，例如可以搭建埃文斯先生杂货店的内部模型。
2. 模仿这两部小说，为学生自创的故事绘制一系列黑白插图。

参考文献

1. Watkins, T. and Sutherland, Z.（1995）'Contemporary Children's Literature（1970-present）' in Hunt, P.（ed.）*Children's Literature, an illustrated history*. London: Oxford University Press.

2. Fox,G.（ed.）*Children's Literature in Education*. New York:

Human Sciences Press.

3. Chambers, A. and Chambers, N. (eds.) *Signal Magazine*. Stroud: Signal Publications.

4. Powling, C. (ed.) *Books for Keeps*. London: The Bodley Head.

5. *The Lion and the Unicorn*. United States: Johns Hopkins University Press.

6. Watkins and Sutherland (1995) 290.

7. Townsend, J. R. (1977) *Written for Children*. Harmondsworth: Penguin.

8. Shavit, Z. (1986) *Poetics of Children's Literature*, 35. Athens, Georgia: University of Georgia Press.

9. Walsh, J. P. (1973) 'The Writer's Responsibility', in *Children's Literature in Education* 4: 30–36. New York: Human Sciences Press.

10. Shavit (1986) 37.

11. Harding, D. W. (1977) 'Psychological processes in the reading of fiction' in Meek, M. (ed.) *The Cool Web*, 62. London: Bodley Head.

12. Harding (1977) 70.

13. Harding (1977) 70.

14. Garner, A. (1965) *Elidor*. London: Collins.

15. Westall, R. (1975) *The Machine-Gunners*. London: Macmillan Publishers.

16. Sendak, M. (1967) *Where the Wild Things Are*. London: Bodley Head.

17. Kerr, J. (1970) *Mog the Forgetful Cat*. London: Collins.

18. Barber, A. (1990) *The Mousehole Cat*. London: Walker Books.

19. Dahl, R. (1975) *Danny the Champion of the World*. London: Jonathan Cape Publishers.

20. Carter, D. (1999) *Misspellboobiland*. Mold: Clwyd Poetry Project.

21. Needle, J. (1978) *My Mate Shofiq*. London: André Deutsch Publishers.

22. Bawden, N. (1975) *Carrie's War*. London: Victor Gollancz.

23. Magorian, M. (1981) *Goodnight Mister Tom*. London: Kestrel Books.

精选书目
Select bibliography

为本书提供理念来源的著作

（以作者英文姓氏为序）

Auden, W. H.（1954）*Secondary Worlds*. London: Faber and Faber.

Bettelheim, B.（1976）*The Uses of Enchantment*. London: Thames and Hudson.

Bodkin, M.（1934）*Archetypal Patterns in Poetry*. London: Oxford University Press.

Brook, P.（1989）*The 1989 International Storytelling Festival Souvenir Programme*. London: The South Bank Centre.

Dewey, J.（1934）*Art as Experience*. New York: Minton, Balch and Company Publishers.

Finnegan, R.（1988）*Literacy and Orality*. London: Basil Blackwell Publishers.

Gadamer, H-G.（1986）*The Relevance of the Beautiful*. Cambridge: Cambridge University Press.

Goody, J.（1992）'Oral culture' in Bauman, R.（ed.）*Folklore, Cultural Performances and Popular Entertainments*. London: Oxford University Press.

Harding, D. W. (1992) 'Psychological processes in the reading of fiction' in Meek, M. (ed.) *The Cool Web*. London: Bodley Head.

Havelock, E. (1986) *The Muse Learns to Write*. New Haven: Yale University Press.

Lord, A. B. (1960) *The Singer of Tales*. New York: Harvard University Press.

Neihardt, J. G. (1974) *Black Elk Speaks*. London: Abacus Paperbacks.

Ong, W. J. (1982) *Oralitry and Literacy*. London: Routledge.

Parry M. (1971) *The Making of Homeric Verse*. London: Oxford University Press.

Powling, C. (ed.) *Books for Keeps*. [magazine] London: Bodley Head.

Propp, V. (1982) *Theory and History of Folklore*. Manchester: Manchester University Press.

Shavit, Z. (1986) *Poetics of Children's Literature*. Athens, Georgia: University of Georgia Press.

Stannard, J. (1998) *The National Literacy Strategy Framework for Teaching*, 5. London: Department for Education and Employment.

Watkins, T. and Sutherland, Z. (1995) 'Contemporar Children' Literature (1970-present)' in Hunt, P. (ed.) *Children's Literature, an illustrated history*. London: Oxford University Press.

Wells, G. (1986) *The Meaning Makers*. London: Hodder and Stoughton.

Winnicott, D. W. (1971) *Playing and Reality*, 12. London: Tavistock Publications.

Zipes, J. (1983) *Fairy Tales and the Art of Subversion*. London: Heinemann Books.

读写素养策略课程示例引用的作品

（以作者英文姓氏为序）

Barber, A. *The Mousehole Cat.* Walker Books. ISBN: 0744523532.

Baum, L. F. *The Wizard of Oz.* Puffin Books. ISBN: 0140366938.

Bawden, N. *Carrie's War.* Puffin Books. ISBN: 0140306897.

Burnett, F. H. *The Secret Garden.* Puffin Books. ISBN: 0140366660.

Carter, D. *Misspellboobiland.* Clwyd Poetry Project at Pentre Farm, Woodhill, Oswestry, Shropshire. SY10 9AS.

Dahl, R. *Danny, the Champion of the World.* Puffin Books. ISBN: 0140371575.

Kerr, J. *Mog, the Forgetful Cat.* Harper Collins. ISBN: 0006640621.

Longfellow, H. W. *The Song of Hiawatha.* Everyman. ISBN: 0460872680.

Magorian, M. *Goodnight Mister Tom.* Puffin Books. ISBN: 0140372334.

Milne, A. A. *Pooh Invents a New Game.* Heinemann. ISBN: 0416171621.

Needle, J. *My Mate Shofig.* Harper Collins. ISBN: 0006715184.

Sendak, M. *Where the Wild Things Are.* Harper Collins. ISBN: 0006640869.

Shakespeare, W. *The Tempest.* Penguin Books. ISBN: 0140707131.

Wilde, O. 'The Selfish Giant' in *The Happy Prince and Other Stories.* Puffin Books. ISBN: 0140503838.

表　格

Tables

　　下列表格为师生详细列出了本书第四、第五、第六章根据读写素养策略推荐的所有阅读材料。这些阅读材料从词汇、句子和文本三个层面入手，缕述从学前班到六年级各个学期对应的虚构文学作品的教学要求。由于"关键阶段1"涉及的故事篇幅均比较短，教师应额外补充更多材料。当然，这套方法可以很轻松地应用于其他作品的阅读赏析。针对"关键阶段2"，本书为师生推荐了一整套阅读材料，完全可以满足读写素养策略对于虚构文学作品的教学要求。

　　不过应当指出的是，本书第四、第五、第六章的阅读材料事实上是高于"教学框架"要求的。每一组课程说明不仅对文本的介绍方式给出了指导建议，还包含舞蹈、戏剧、音乐和视觉艺术等活动内容。这些活动的设计目的并非可有可无，无论是短篇故事——朱迪斯·克尔的《爱忘事儿的莫格》，还是长篇作品——莎士比亚的《暴风雨》，它们都是完整体验一部文学作品所不可或缺的部分。

　　教师可利用下列表格，快速查询使用本书阅读材料时都涉及哪些具体的教学内容。

· 表 1：本书收录的阅读材料所属类型汇总。

· 表 2：本书收录的作品名称汇总。传统口述故事还列出了故事的来源国。

· 表 3：各年级对应的读写素养策略目标汇总。

· 表 4："英国国家英语课程要求"艺体类教学目标汇总，包括英语（戏剧）、绘画、音乐、体育（舞蹈）。

综上所述，为充分发挥表格的作用，建议在制订每半学期、每学期或每学年的虚构作品教学计划前，先参考这些表格并核对它们各自包含的目标。显然，就词汇与句子层面的目标来说，任何一篇作品都无法做到全面覆盖。但是本书第四、第五、第六章提供的阅读材料至少可以覆盖文本层面的绝大部分目标。对于本书阅读材料未能一一对应的词汇与句子层面的目标，教师可以另做准备，或通过诗歌、非虚构类作品的阅读教学予以补充。

表 1　阅读材料所属类型

年级	第一学期	第二学期	第三学期
学前班	传统故事，拥有可预测的故事架构和模式化的故事语言	现当代故事，拥有可预测的故事架构和模式化的故事语言	传统故事，拥有可预测的故事架构和模式化的故事语言
一年级	故事背景是学生熟悉的；拥有可预测、重复性的故事模式	来自其他文化的故事，但故事语言是熟悉的、可预测的、模式化的	关于某个幻想世界的故事
二年级	故事背景是学生熟悉的	来自其他文化的故事	某位重量级儿童文学作家创作的故事

年级	第一学期	第二学期	第三学期
三年级	故事背景是学生熟悉的	来自某个不同文化的传说	冒险故事
四年级	历史小说	关于某个想象世界的小说	能够引发对问题思考的故事
五年级	某位重量级儿童文学作家创作的小说	来自其他文化的传说	来自其他文化的传说
六年级	学习一部莎士比亚的戏剧作品	篇幅较长、流传已久的民间故事	对比两位重量级作者对同一主题的处理手法

表2　收录的作品名称

年级	第一学期	第二学期	第三学期
学前班	《猴子为什么住在树上？》，非洲　O	《野兽国》，桑达克　M	《豌豆公主》，汉斯·安徒生　C
一年级	《爱忘事儿的莫格》，朱迪斯·克尔　M	《怒瓜玛》，中国　O	《维尼发明新游戏》，A.A.米尔恩　C
二年级	《老鼠洞的大姐猫》，安东尼娅·巴伯　M	《消失的男孩》，捷克　O	《自私的巨人》，奥斯卡·王尔德　C
三年级	《世界冠军丹尼》，罗尔德·达尔　M	《蓝山》，挪威　O	《绿野仙踪》，L.弗兰克·鲍姆　C

年级	第一学期	第二学期	第三学期
四年级	《秘密花园》，弗朗西丝·霍奇森·伯内特 C	《拼错字王国》，丹尼斯·卡特 M	《神鸟》，伊朗 O
五年级	《我的伙伴肖菲克》，简·尼德尔 M	《哈依瓦撒之歌》，亨利·华兹华斯·朗费罗	《钢铁怪》，亚美尼亚 O
六年级	《暴风雨》，威廉·莎士比亚 C	《士兵的小提琴》，俄罗斯 O	《嘉莉的战争》，尼娜·鲍登 《晚安，汤姆先生》，米歇尔·麦格里安 M

注：O，口传故事；C，传统经典故事；M，现当代儿童虚构故事。

表3 读写素养策略目标

年级	第一学期	第二学期	第三学期
学前班	词汇 2,3,5,7,9 句子 1,2,3,4 文本：阅读 2,3,4,6,7,8 文本：写作 11	词汇 2,5,7,9,10 句子 1,2,3 文本：阅读 2,3,4,5,6,7,8 文本：写作 12	词汇 5,7,9,10,11 句子 1,2,3 文本：阅读1,2,4 文本：写作 14
一年级	词汇 4,5,6 句子 4 文本：阅读1,3,4,5,7 文本：写作9,11	词汇 2,3 句子 4,5,7 文本：阅读 1,4,5,8,9,10,11 文本：写作 6,7,8,9	词汇 1,8 句子 1,3 文本：阅读 3,5,6,10 文本：写作 13,14

年级	第一学期	第二学期	第三学期
二年级	词汇 3, 4, 7, 8, 10 句子 1, 5 文本：阅读 1, 3, 4, 5, 6 文本：写作 9, 11	词汇 2, 3, 4, 5, 11 句子 2, 6, 7, 8 文本：阅读 2, 4, 5, 6, 7 文本：写作 13, 14	词汇 1, 6, 9 句子 1, 6 文本：阅读 3, 4, 5, 7 文本：写作 10
三年级	词汇 1, 4 句子 1, 2, 3, 4, 5, 6, 7, 8 文本：阅读 1, 2, 3, 4, 5 文本：写作 10, 14	词汇 1, 2, 4, 18, 19, 24 句子 2, 3, 4, 5, 6, 7 文本：阅读 1, 2, 3 文本：写作 6, 7, 8, 9	词汇 1, 2 句子 1, 2, 6 文本：阅读 1, 2, 3, 4, 5, 9 文本：写作 11, 12, 13
四年级	词汇 1, 9, 11 句子 2, 3 文本：阅读 1, 2, 3, 4, 5, 6 文本：写作 9, 10, 11, 12, 13	词汇 1 句子 1, 2 文本：阅读 1, 2, 3, 4 文本：写作 10, 12, 13	词汇 1, 5 句子 2 文本：阅读 1, 2, 3 文本：写作 11, 12, 13
五年级	词汇 8, 9 句子 5, 6, 7, 8 文本：阅读 1, 3, 9, 10 文本：写作 13, 18, 19	词汇 4, 11 句子 5, 9, 10 文本：阅读 1, 3, 4, 5, 8, 10 文本：写作 11, 12, 13	词汇 1, 2, 3, 11, 12 句子 3 文本：阅读 1, 4 文本：写作 7, 8, 10
六年级	词汇 7, 10 句子 — 文本：阅读 1, 2, 3, 5 文本：写作 6, 7, 8, 9	词汇 3, 5 句子 1, 5 文本：阅读 1, 8 文本：写作 10, 11, 12, 14	词汇 — 句子 2 文本：阅读 1, 6 文本：写作 10, 11, 12, 14

表 4　艺术类教学目标

全部参照"英国国家英语课程要求"中关于关键阶段 1、关键阶段 2 的"Programmes of Study"（学习课程）。

年级	第一学期	第二学期	第三学期
学前班	绘画 U1 / M1, 3/ I2 舞蹈 3a, c 戏剧 SL1d 音乐 —	绘画 U1 / M1, 3/ I2 舞蹈 3a, c 戏剧 SL1d 音乐 P2/C1, 2/ A1	绘画 M3/ I2 舞蹈 3a, b 戏剧 SL1d 音乐 —
一年级	绘画 U1 / M1 / I2 舞蹈 3a, c 戏剧 SL1d 音乐 P2, 4/ C1, 2/ A1, 2	绘画 M1 / I1. 舞蹈 3a, c 戏剧 SL1d 音乐 P2	绘画 M1, 3/ I2 舞蹈 3a, b 戏剧 SL1d 音乐 P2,3,4,5,6, 7/ C2, 4, 5/ A1
二年级	绘画 U1 / M1, 3/ I2 舞蹈 3a, c 戏剧 SL1d 音乐 P3, 4, 5, 6, 7/ C2, 3, 4, 5/ A4	绘画 U1 / M1, 3/ I1 舞蹈 3a, c 戏剧 SL1d 音乐 P2, 4, 5, 6, 7/ C1, 2, 3, 4, 5/ A1	绘画 U1, 3/ M1 3/ I2 舞蹈 3a, b 戏剧 SL1d 音乐 P2, 4, 6, 7/ C2, 4, 5/ A1, 3, 4
三年级	绘画 U1 / M1, 3/ I2, 4 舞蹈 — 戏剧 SL1d 音乐 P4, 5, 6, 7/ C2, 3, 5/ A1, 4, 5	绘画 U1 / M1, 3/ I2, 4 舞蹈 3a, c 戏剧 SL1d 音乐 P2, 4, 5, 6, 7/ C1, 2, 3, 4, 5/ A1, 5	绘画 U1 / M1, 2, 3/ I2, 4, 5 舞蹈 3a, b 戏剧 SL1d 音乐 P2, 3, 4, 5, 6, 7/ C1, 2, 3, 4, 5/ A1, 3, 4, 5

年级	第一学期	第二学期	第三学期
四年级	绘画 U1/M1, 2, 3/I2, 3 舞蹈 — 戏剧 SL1d 音乐 P4, 5, 6, 7/C1, 2, 3, 4, 5/A4, 5	绘画 U1/M1, 3/I2, 4 舞蹈 3a, c 戏剧 SL1d 音乐 P3, 4, 5, 6, 7/C2, 3, 4, 5/A1, 5	绘画 U1/M1, 3/I2, 4 舞蹈 3a, c 戏剧 SL1d 音乐 P2, 4, 5, 6, 7/C1, 2, 3, 4, 5/A1, 3, 4, 5
五年级	绘画 U1/M1, 3/I2, 4 舞蹈 — 戏剧 SL1d 音乐 P4, 5, 6, 7/C2, 3, 4, 5/A4, 5	绘画 U1, 3/M1, 2, 3/I2, 4 舞蹈 3a, b 戏剧 SL1d 音乐 P4, 5, 6, 7/C2, 3, 4, 5/A3, 4, 5	绘画 U1/M1, 2, 3/I2, 4 舞蹈 — 戏剧 SL1d 音乐 P5, 6, 7/C1, 2, 3, 4, 5/A1, 3, 4, 5
六年级	绘画 U1, 3/M1, 3/I2, 4 舞蹈 3a, b 戏剧 SL1d 音乐 P3, 4, 5, 6, 7/C2, 3, 4, 5/A3, 4, 5	绘画 U1/M3/I2, 4 舞蹈 — 戏剧 SL1d 音乐 P5, 6, 7/C2, 4, 5/A4, 5	绘画 U1/M1, 3/I2, 4 舞蹈 3a, c 戏剧 SL1d 音乐 P4, 5, 6, 7/C2, 5/A4, 5

缩写说明:

绘画 U: 理解。**M**: 绘制。**I**: 探究。

舞蹈（体育）　　**3**: 舞蹈。

戏剧（英语）　　**SL**: 听和说。

音乐 **P**: 演奏。**C**: 编曲。**A**: 赏析。

索　引

Index